DADI SHUXIEZHE—XINYANG YU SHENGHUO

大地书写者

——信仰与生活

肖静芳 牛锐 钱丽花 等/著

民族出版社

目　录

书　写

信　仰

那　地

那　人

那 事

书　写

绿叶中的情书

深夜里，趁着朦胧的月色，一个叫谭勒干的小伙子，告别了阿爹、阿妈，朝着心中的一个村子走去。他边走边采摘路边的花花草草，一件一件装进他身上的筒帕里，然后和预先准备好的一些东西包好。第二天，他把这包东西送给了他前往的村中一位叫莫嫡的俊俏姑娘。

第三天，按照和姑娘的约定，谭勒干在一株皂角树的树洞里，取下了他先前亲手包裹的那包东西，紧张地数着他包进去的物件：一截栗树根、两瓣大蒜、一根火柴、一个小米辣椒……看到这些物件未被姑娘动过，小伙子高兴地直喊："莫嫡，你真好。"之后又抱住树干说："邮电局，谢谢你！"还抚摸着树洞说："爱情的信箱，谢谢你！"

原来，叫谭勒干的景颇族小伙子高兴的是，心上人莫嫡回应了他的心意。那个用绿叶包裹的物件，就是两人的情书——景颇族独特的树叶情书。

有人也许要问，为什么景颇族青年男女相互倾诉衷肠的方式如此独特？原来，由于交通闭塞、居住分散，历史上的景颇族没有本民族文字，使用拉丁字母形式的拼音文字也是几十年前才开始的事。据说，世世代代的景颇族人思念亲友、礼节往来，都用树叶信。

当然啦，要是哪个景颇族小伙子喜欢上了一个姑娘，也要送出树叶信当情书。

回到前文，小伙子谭勒干送出的树叶信里包裹了一些物件。细心的您肯定要问，这些普通的物件是否包含某种意义呢？

是的，每一件物件都有着确切的含义。树根表示“我想念你”，大蒜表示“要求姑娘想两个人的事”，小米辣椒寓意着“思念爱人夜不能寐”。最有意思的要数那根火柴了，它比喻小伙子对姑娘的爱慕十分坚决，爱意像火柴一样一划就着。

今天看来，这样一封树叶情书是不是很浪漫呢？谭勒干送出的情书原封未动，这表示女方接受了他的心意。在景颇族民间，如果女方拒绝的话，则在原物上附加火炭，以示反感。如要表示考虑，则加上奶浆菜。

如果男方在“信”中看到奶浆菜，就会趁热打铁，摘下几片栗树叶再寄给女方，表示“愿和女方一起生活”。如果女方第二次在树叶信里看到包谷、谷子、豆，那就说明男方“想成家”。反复几次，最后男方最期盼的就是在女方的树叶信中看到烟草。原来，烟草意味着“终成眷属”。

偶尔，也有双方父母棒打鸳鸯的时候。此刻，男方用树叶包好蕨菜尖送给女方，约女方私奔，女方则用茅草叶送回，两人约定“悄悄地逃”。

一封长长的情书深情款款，往往能获得对方的满心欢喜和感动。《风情奇趣录》一书就介绍了一封“最长”的树叶情书，这封情书共用植物的叶、根、种子等多达 23 种，而且包裹得井然有序。试想，哪个景颇族姑娘收到男方这样的情书，能不被炽热的爱慕之情所感动呢？

女　书

2011年，在全国各大院线热映的电影《雪花秘扇》中，李冰冰、全智贤分别饰演的百合、雪花结成一对一生互爱的“老同”，两人在折扇和巾帕上书写女书进行沟通的场景，给观众留下了深刻印象。而那书写在古色古香的白色绢扇上的神秘文字，也让女书这一文化瑰宝走进了更多人的视野。

世界上迄今发现的唯一一种女性文字——女书，它的发现地在湖南。在湘桂地区的一些瑶族妇女间流传的女书，是否就是尚未发现的瑶族文字？而它颇像甲骨文的外形，与汉字又有何联系？

深藏瑶乡的“闺中密语”

在中国国家博物馆，静静地躺着一件名为《瑶文歌》的纸质藏品。曾经，它是一份“天书”，没人能破解。直到1991年，国家博物馆工作人员将其翻拍成照片，寄给了中南民族学院（今中南民族大学）的女书研究专家谢志民教授，谜底才揭开。原来，这份纸质藏品是一名妇女写的书信，上面的文字被称为“女书”。

女书，是世界上迄今发现的唯一一种女性文字，因其首次发现于湖南江永县，所以又名“江永女书”。这种在湖南省江永县及其毗邻的道县、江华瑶族自治县和广西部分地区的女性之间流传的神秘文字，并不轻易示人，常作为主人的殉葬品被烧掉，因而又被称为“闺中密语”。

1983 年 3 月，中南民族学院教师宫哲兵偶然在湖南江永县发现了几篇“天书”，并带回中南民族学院。民族语言文字研究专家谢志民等人见到这些文字万分激动，学院随即组成研究组前往江永。

由于女书一直对外人和男性秘而不宣，专家们多方考察，才找到几位年长的女书传人。令人称奇的是，专家考察得到的女书不但写在纸上，还常被写在扇子、手帕上，甚至绣在被面、腰带上。当地女性年轻时，往往从母亲或女性长辈那里学会一部分女书文字，然后通过参加读纸、读扇活动，提高女书修养。

《瑶文歌》上的女书很像汉字、甲骨文，是左低右高斜着写的，字形修长呈菱形，很有女人味。中南民族大学教授李庆福介绍，女书有 5 种基本笔画，即“丨”（竖）、“/”（斜）、“丶”（点）、“）”（弧）、“○”（圈）。用这 5 种笔画，可以组合成不同文字。

著名女书研究专家、清华大学教授赵丽明回忆，刚开始研究女书时，他们请女书传人说出某个字的意思。这时，她们总回答没有固定意思，需要通读上下文才能确定，但却能马上读出它的音来。

原来，女书笔画按一定位置组合起来，便成为一个音节。这真是一个惊人的发现！形似汉字、甲骨文的女书，竟然是一种表音文字。

1983 年 7 月，在美国召开的第 16 届汉藏语学术会议上，研究组提交的《湖南江永平地瑶文字辨识》一文轰动了学术界。许多国家的专家闻讯纷纷前往湖南，一探世界上唯一女性文字的秘密。

从抒发愁肠到歌颂新生活

1991年，抱着试试看的态度，国家博物馆工作人员把《瑶文歌》的照片寄到中南民族学院，最终使这份“天书”被破译。如今，谢志民教授已经辞世，不过曾与他一起研究女书的李庆福教授对《瑶文歌》的破译过程印象颇深。他说：“《瑶文歌》笔法清秀，倾斜的字体和我们多次到湖南江永以及周围的江华、道县等地考察得到的女书一样。”

事实上，《瑶文歌》既不是一篇湖南江永的民风歌谣，也不是一篇歌唱美好生活的诗篇，而是叙说了主人公成家后生活的不幸。与大多数女书作品一样，《瑶文歌》是七言一句，其破译实际上解开了女书两大秘密。

首先，《瑶文歌》是一种书信，而在女书中，书信所占比重很大。倾诉女性悲苦的经历，是女书的主要内容。千百年来，女书以奇特的表达方式记录下了流传地妇女的苦难与追求。

从文学上看，女书以叙事长诗见长，语言朴素活泼，善于运用修辞手法，同时还夹杂着方言土话。女书中没有奢华的词藻和晦涩的赘言，它的美是实实在在的。

这样淳朴的美，来源于普通的农家妇女。她们既是女书的作者，又是女书的传唱者和聆听者。农闲时，妇女们坐在堂前、院中，几个结拜姐妹相互传唱女书，自唱自娱，形成了“农家女性沙龙”。

赵丽明发现，书写女书的妇女常用叙事的形式抒发愁肠，有时会运用比喻、对仗、夸张的写作手法。她们常常想到哪儿写到哪儿，真真切切。女书中很少有描写景物的，即使有，也是借物抒情。

女书是古老的，也是与时俱进的。新中国成立初期，千百万劳苦大众翻身做主人的历史脉动，也在女书中有所体现。比如，在《解放歌》中，作者抒发了深刻的认识："想起以前旧社会，受尽压迫好可怜……青年女权提高了，男女平等一样高。"可以说，随着各族人民的解放，书写女书的妇女们也迎来了新的生活。

"飞过高山岭，飞过大海洋，你我不同村，时时可相谈。"这是李庆福教授翻译的一首女书诗文，名叫《电话歌》。其内容跳出了窠臼，反映出瑶乡现代化发展中的喜人变化，使女书的内容发生了质的飞跃。

渐渐褪去神秘面纱

通过对《瑶文歌》的研究，女书的基本情况似乎渐渐清楚了。然而，又一个问题出现了：《瑶文歌》的名字从何而来呢？李庆福教授说，当初，《瑶文歌》是收藏者从湖南的瑶族妇女手中得来的，因此得名。

联想到女书的流传地基本都是瑶族聚居区，女书似乎与瑶族密切相关。然而，作为表音文字的女书，外形却和汉字有几分相似。那么，女书到底是瑶族文字、其他民族文字，还是汉字的变体呢？

李庆福教授认为，女书就是一种瑶族文字。他曾考察了湖南江华、江永，广西富川、恭城、平乐等地。这些地区是瑶族支系平地瑶的聚居地。李庆福首先从语言规律入手分析道："比较江永女书书面语与江华、富川、恭城3个瑶族自治县的平地瑶土话，可以明显地看出，这些地方的语言与江永女书文字的读音基本相同。当地村民的生活习惯、社会风俗、图腾崇拜等方面也有许多相同之处。”

经过多年研究，李庆福教授得出这样的结论：平地瑶使用的语言既不是一种汉语方言，也不同于客家话、粤语、湘语，也不是纯粹的瑶语，而是一种受到汉语影响较大的瑶汉混合语，其中保留了大量古越语和苗瑶语。而女书文字就是用于记录这种平地瑶语言的文字。

那么，女书产生于何时呢？看着女书那古朴的笔画和结构，有人认为，女书的源头可以追溯到3000年前的先秦时期。通过翻阅考古图片和查找资料，赵丽明发现，很多女书在形体和结构上都与出土的史前陶器上的刻画符号惊人的相似。湖南郴州文物工作者李荆林对此考据并推测：刻画符号在发展过程中产生很多支系，一支演变为甲骨文、金文；一支缓慢演变为女书。还有学者研究认为，女书与古夷文、古越文颇有渊源。

关于女书的产生年代，可以说是众说纷纭，而民间关于女书产生的传说故事也很多，一些专家最终把目光锁定在女书的内容上面。

“唐宋元明都不唱，且唱清兵不太平。咸丰五年大不利，扰乱人民无处安……”这是一篇名叫《长毛过永明》的女书长诗开头的一段话。宫哲兵教授对比多篇女书长诗发现，《长毛过永明》是女书中叙述年代最早的作品，描述了清代咸丰年间农民起义军在江永一带活动的经过，其中的细节与历史档案记载完全符合。结合深入研究，宫哲兵和一些专家认为，女书产生的时间不早于明末清初。

女书的身世像一座迷宫，其中隐藏着大量奥秘。女书又如同一座宝藏，其中包含着众多历史信息。2006 年 5 月，“女书习俗”进入第一批国家级非物质文化遗产名录。已故女书传人高银仙、胡慈珠、唐宝珍的故居也改建成了女书生态博物馆，年轻的女书传人在那里传承着女书。现在，不少女书传人已能创作女书，还能边写、边唱。随着时代的发展和人们的关注，女书脱离了传统的闺中密语式的传承方式，实现了多样的传承与保护。而女书的未解之谜，也将在人们关切的目光中，慢慢被解开。

水　书

2002 年，一位收藏家发现了一只北宋早期河南临汝窑八莲瓣陶瓷注碗，但却不能读懂碗上刻的 24 个神秘符号，众多学者对此也一筹莫展。学者们找到了贵州荔波的水书先生。没想到，水书先生不但能识读、辨认其上的文字，还在荔波县馆藏水书中找到与陶碗上完全相同的 18 个符号记载。根据水书先生的破译，陶碗应为夏商时期的古器，身价不菲。

为什么让众多学者无法识读的古文字符号，却让一个生活在贵州乡间的水书先生轻易破解？这就不得不说到水族的古老文字、被学者誉为世界象形文字“活化石”的水书。

水族古文字在殷商时期就已存在

水书，之所以被称为世界象形文字的“活化石”，不仅因其流传至今已经有几千年历史，更因其结构多为象形，主要以花、鸟、虫、鱼等自然界中的事物以及一些图腾物如龙等所撰写和描绘，保留了很多远古文明的信息。那么，这一古老而神秘的文字是由谁创造的呢？

传说水书是一个叫陆铎公的人在 7000 多年前创造的。在贵州省独山县水岩乡水东村，当地的水族和布依族人都用自己的语言吟唱一首古老的民谣，其翻译成汉语的意思大概是："有个老人叫陆铎，四季居住山洞中。青石板上造文字，造得文字测吉凶。所有良辰全送人，等到自己造房时。书上已无好日子，无奈只好住洞中。若问深洞在哪里，就在水岩和水东。"

水书到底有多少个字？1986 年出版的《水族简史》中称有 400 多个，《中国水族文化研究》称有 500 多个。而专家在查阅的 2000 余卷水书中，发现异体字主要集中在天干地支、春夏秋冬、九星等单字上，例如，发现"寅、卯"等字的异体字已各有 30 多个。对于水族古文字的异体字，保守地推测，如果每个水文字单字至少有 1 个异体字，那么水文字总量约有 1600 个。

水族古文字的结构大致有以下三种类型：一是象形字，类似甲骨文、金文；二是仿汉字，即汉字的反写、倒写或改变汉字形体的写法；三是宗教文字，即表示水族原始宗教的各种密码符号。

水书的书写形式是从右往左直行竖写，无标点符号。现存的水族古文字的载体主要有：口传、纸张手抄、刺绣、木刻、陶瓷锻造等。

尽管水书在水族村落里已传承数千年，然而外人对水书的了解最早是在清咸丰十年（1860 年），当时的西南巨儒莫友芝在其诗作《红崖古刻歌》中提到了水书。

有学者曾认为，水书是与甲骨文同根同源，却早于甲骨文的古老文字，甚至可能是甲骨文的建立借鉴了水书。这种说法并没得到所有人的认可。经研究后，也有学者提出，水书中只有部分文字与甲骨文类似，有的字迹并不相同，水书创立时间有待考证。

但无论如何，水书与甲骨文、金文具有“姻缘关系”，水族古文字应在殷商时期就已存在。这也是那位水书先生能破解古陶碗上24个神秘符号的原因。

水族巫师施行法事的工具

水书虽然流传甚久，但在水族地区能看懂和使用水书的人并不多，因为其带有某种神圣性，只有悟性高的乡间知识分子才能去学习掌握。这些人被称为水书先生、鬼师，全部是男性。他们在民间的地位很高，被人们所崇拜。

水书一般是水书先生家祖传的珍贵宝物，只传男不传女，一般也不会轻易传给外人。水书就是靠一代又一代的水书先生通过口传、手抄的形式流传至今。

水书所记载的内容，大多是原始宗教信仰方面的日期、方位、吉凶兆象及驱鬼避邪。因为水族笃信鬼神，其鬼神崇拜的一切活动，不论是判定事情的吉凶，认定鬼魅作祟，还是驱鬼送鬼、禳灾祈福的巫术仪式，均由水书先生从水书中查找依据。因此，水书作为施行法事的工具，用途很广。

除了包涵大量的原始宗教信仰内容以外，水书还保存了亟待挖掘和破译的天象、历法资料和水族古文字资料。水书所反映的天象、历法资料，是一份极为珍贵的历史文化遗产。它的一些基本理论，如九星、二十八宿、八卦九宫、天干地支及水历正月建戌等内容，是水族先民智慧和艺术的结晶，包含着科学的哲学伦理和辩证唯物史观。

水书保护现状不容乐观

2006年，水书被列入第一批国家级非物质文化遗产名录。相关的《水书抢救保护与开发利用研究》课题也由国家社会科学基金正式立项。有关部门已将其列入“国家重点历史文献遗产工程”进行抢救和保护。

截至目前，贵州黔南布依族苗族自治州征集水书文献典籍原件2.4万册，加上国内外各类档案馆、图书馆、博物馆收藏量约1万册以及散存民间的约6000册，总藏量约4万册。

目前，黔南州政府安排州档案馆作为牵头单位制定可行的工作方案，黔南师院、黔南州民宗局、水家学会等相关单位配合启动申报《世界记忆遗产名录》相关工作。

然而，水书的保护不容乐观。至今，仍有1万多册水书散落在民间，由于经费严重不足，征集难度特别大。同时，由于水书研究逐渐引起国外专家学者的重视，来自日本、韩国等十几个国家的专家不断从民间收购水书，一批珍贵水书正在流失。

更令人担忧的是，随着时间的推移，水书的传承者水书先生已经出现断层，其数量在急剧减少。据统计，全国有1000多名水书先生，但绝大部分已在60岁以上。在中国唯一的水族自治县和水族人口主要聚居地——贵州省三都水族自治县，水书先生仅剩350多位，而随着时代的变迁和后继乏人，水书先生会越来越少。七八年前，三都县尚有500多位水书先生，几年时间离世的有近200位，还在世的60岁以上的占90%以上。

对现有水书进行注录和鉴定，有利于水族文化的研究和继承，但在贵州荔波6400多册水书中，仅有1500多册得到破译和整理，而破译出的一些水书孤本因无经费也不能修订、审稿、出书。水书的保护和传承，仍然任重道远。

死亡文字

在金庸先生的武侠名著《天龙八部》中，男主人公萧峰（乔峰）悲壮的一生令人唏嘘。他虽身在宋朝，却是契丹人，夹在宋与辽中，情义难取舍。而证实萧峰真实身份的，是其父临死前在悬崖石头上所刻的契丹文遗言。

契丹文作为辽代的官方文字，曾经伴随这个王朝存在了数百年时间。然后，随着辽代的灭亡以及契丹民族逐渐融入其他民族，契丹文渐渐成了死文字。现在，能认识和书写契丹文的人已寥寥无几。契丹文，到底是怎样的文字，又记载着怎样的文化呢？

契丹大字：参照汉字而制的表意方块字

契丹文是辽国的官方文字，有大字和小字之分。关于契丹大字的源起，是有史料可查的。据《辽史》卷二记载："五年春正月乙丑，始制契丹大字。……九月……壬寅，大字成，诏颁行之。"——契丹大字创制于公元920年，由辽太祖耶律阿保机下令耶律突吕不和耶律鲁不古参照汉字创制。

从考古及文献来看，契丹曾经创造了灿烂的文化，并且重视儒学，大量吸收了汉文化。契丹大字的创造者们对汉字是非常熟悉的。他们分析了汉字的利弊，认识到汉字笔画多和字数多所带来的难写、难认和难记的弊病，因而，在创造契丹大字的过程中，尽力在压缩笔画和压缩字数两方面下功夫。

契丹大字是典型的表意方块文字，这种文字目前发现的约有3000多个，但超过半数的大字都没有解读出来。契丹大字书写时自上而下，由右而左，沿用了汉字横、竖、撇、捺的笔画。

契丹大字绝大部分是新创制的字，此外也直接借用了一些笔画简单的汉字，如"来"、"田"、"月"等，但契丹大字只是借助其字形，并不用原来的字音和字义。

契丹大字是一种音节与音素混合的文字，有时候与汉字相同，一个字表示一个音节，有时候则是几个字一个音节，每个字只是一个音素。

契丹大字在参照汉字创制的过程中，减少了很多复杂的笔画，与汉字相比自是精简了不少。但是汉语毕竟与契丹语不同。汉语多是单音节，而契丹语一般是双音节或多音节，所以用契丹大字记录契丹语就产生了很多矛盾。因此，虽然契丹大字是当时辽的官方文字，但是使用的情况远远不如汉字普遍。在这种情况下，就不得不改造契丹大字了，那么，这种改造又是如何进行的呢？

契丹小字：进一步拼音化，"数少而该贯"

为了解决契丹大字的笔画繁复、辨认困难等许多不足之处，进一步拼音化的契丹小字应运而生了。契丹小字由辽太祖耶律阿保机之弟耶律迭剌在天赞年间（公元922—925年），受回鹘文启示，对大字加以改造而成。《辽史》卷六十四记载：“回鹘使至，无能通其语者，太后谓太祖曰：‘迭剌聪敏可使。’遣迓之。相从二旬，能习其言与书，因制契丹小字，数少而该贯。”

事实上，契丹大字和小字的名称不是因字体的大小而来，只是根据创制的先后顺序而命名。契丹小字参照契丹大字和汉字的字形结构而创制，但它是拼音文字，这是其与契丹大字最大的区别。现代语言学家称契丹小字中不能再分割的最小读写单位叫“原字”。契丹小字约有 450 多个原字，把几个原字按照一定顺序拼写在一起来记录契丹语，多数原字不具有意义，仅是一个拼音符号。

契丹小字中的单词是由一至七个不等的原字拼合而成，单词之间有间隔，而且原字的笔画很少，所以容易辨认。契丹小字“数少而该贯”，即字虽少，却能把契丹语全部贯通。

契丹小字有篆书、楷书、行书及草书之分，最常见的是楷书，在书写时自上而下，由右而左换行。在辽国时期，契丹大字、小字两种文字并用，但在正式行文诏书中使用契丹小字以及汉字，契丹大字仅作为书面文字使用。

契丹文在辽国虽有官方文字地位，但却是一种短命的文字，从创制到废止前后使用时间只有不到 300 年。辽国灭亡后，契丹文被金国的女真人所使用，女真人在此基础上创造了女真文，直到金章宗明昌二年（公元 1191 年）“诏罢契丹字”。契丹文字可谓“其生也速，其死也速”。

研究成难题，然复活有望

契丹文创制之后，主要用来书写官方的文书、印信等，还有大量的碑碣。同时，契丹人还用契丹文翻译了儒家经典、文学以及史学方面的著作。由于辽代施行极其严格的禁书政策，不允许把本国的书籍传入他国，加之契丹文使用时间不长，所以契丹文文献流传下来的很少，主要以石刻为主，多是墓志铭、碑文、印章等，有数十件，共数万字。

对契丹文的研究，是中国文字史上著名的难题。1922 年，从庆陵出土的契丹小字《兴宗哀册》和《仁懿皇后哀册》（哀册，即古代颂扬帝王、后妃生前功德的祭文），让消失了近 800 年的契丹文字重见天日。但因为契丹文失传已久，又缺乏相关研究资料，在此后的近十年内，居然没有一个人能认识一个契丹字。

事实上，传世的《大金皇弟都统经略郎君行记》（刻于陕西唐乾陵前《无字碑》上），有对照的契丹文和汉字，但当时的专家一直将其认为是女真字。直到 1925 年，日本京都大学羽田亨才撰文指出这一错误。

20 世纪 30 年代，中国学者罗福成、王静如和厉鼎奎等从庆陵哀册和《大金皇弟都统经略郎君行记》入手，释出了庆陵哀册的标题，还有年号、干支、数目字和年月日等。1934 年，伪满洲国出版了《辽陵石刻集录》，其中收录了五件契丹文字资料和罗福成解读契丹文字的成果，这是世界上第一部关于契丹文字的综合性文献资料。

20 世纪 50 至 70 年代，日本、苏联也掀起一股研究契丹文字的高潮。从 20 世纪 60 年代开始，契丹文研究专家刘凤翥开始进行契丹文字的释字研究，他释出了《大金皇弟都统经略郎君行记》中的人名“黄应期”、“王圭”，官名“尚书职方郎中”，地名“唐乾陵”等契丹小字。

与此同时，另一位学者——我国蒙古族语言学家清格尔泰也在密切关注着契丹文字的研究。1975 年，他与刘凤翥等 5 名专家成立契丹文字研究小组。小组制定了周密的工作计划，包括收集原始资料、契丹字字形规范、契丹字铜模的制造、外文资料的翻译和研究工作等。

1985 年，凝聚着以清格尔泰、刘凤翥为代表的第二代契丹文字研究学者心血的《契丹小字研究》出版。该书收录了 9 片契丹小字拓片，400 多条释读的词条，140 多个原字读音，还讨论了 24 种语法成分，代表了中国在这一学科的学术水平。之后，刘凤翥用 10 年时间完成的《契丹文字新研究》，成为国内又一部契丹文字研究巨著。

如今，为了使契丹文字研究实现电子化，内蒙古大学有关方面开发了契丹小字、女真文字库和配套的输入法，还开发了契丹小字文献综合查询系统。内蒙古大学也正着手研发契丹大字字库、输入法以及语料库。

通过学者们不懈的努力，截至目前，450 多个契丹原字的一半已经被解读，1300 多条词语和数十个句子的意义被探明。契丹文这一“死亡文字”的面纱正被一点点揭开。

深山古苗文

距离湖南城步苗族自治县县城约20公里的丹口镇陡冲头村，是个海拔1100余米的小山村。村西面是高耸入云的观音山，一条小溪从山上自西向东流下。在这个偏僻的小山村，学者们却发现了改写苗族文化史的重要遗迹——古苗文摩崖石刻。这些古苗文石刻，尽管历经风雨侵蚀，但因藏身在海拔较高且偏僻闭塞的南山山脉，故而侥幸保存至今。这些古苗文摩崖石刻是如何被发现的？是何时所刻？又记录了什么样的内容？

摩崖石刻惊现失传两个半世纪的古苗文

古苗文摩崖石刻如何被发现？时光要追溯到2010年年底，相关研究者到湖南城步县丹口镇陡冲头村采风，行至该村一组时，无意中发现十多块刻满“天书”的大石块，这些“天书”似图非图，似画非画，似汉字非汉字。

大多数古苗文摩崖石刻沿溪水两岸呈阶梯状分布，面积约占5平方公里。它们有的耸立在高高的田坎上，有的横卧在草丛中，有的被高大灌木遮掩，有的已风化但隐约可见石面上写满文字。这些文字之间没有标点标注，夹杂着一些图案和符号。图案有的似河流，有的似棋盘；符号有的如日月，有的如弓箭；字形似篆非篆，似汉字又非汉字，但显然受到了汉文字的极大影响。

凭着长期从事苗族历史文化研究的经验，相关研究者认为这些摩崖石刻可能是城步古苗文字的遗存，并撰写文章发表于当地媒体，引起了湖南省内外专家学者和文物部门对城步石刻的进一步关注。

2012 年 3 月，湖南邵阳市文物局组织中南民族大学教授、南方少数民族文字专家李庆福与湖南师范大学教授李绍平、湖南省文物考古研究所教授吴顺东等学者一行，冒雨深入陡冲头村，认真考察了古苗文摩崖石刻。

清代陆次云所著的《峒溪纤志》中曾留下一些关于城步有苗文的记载。经过研究城步苗族历史，再比对《峒溪纤志》，李庆福等专家正式向媒体及外界宣布：湖南城步苗族自治县丹口镇陡冲头村发现的大型摩崖石刻，就是失传了两个半世纪的城步古苗文字。这是我国苗族文化历史上的一个重大发现，推翻了苗族只有语言没有文字的定论。

李庆福教授解释说：“以前只是史料记载苗族有文字，这次找到实物印证了。这是迄今为止国内首次最大规模的苗族文字发现。”

文献资料佐证古苗文字确实存在

那么，历史上的苗族到底有没有文字呢？众所周知，苗族有自己的语言，且至今仍在使用。但苗族是否有过文字这个问题，我们只能从苗族的古歌和传说中依稀得到一些印证。

至今流传的湘西苗族古歌《在中球水乡》就有关于苗文丢失的传说。据古歌叙述，苗族先民在迁徙过大河时，“代扎”（汉人）将笨重的青钢木船偷换了“仡雄”（苗人）的杉木船，杉木船很轻，“代扎”带着文字乘杉木船走了。“仡雄”的青钢木船走得很慢，“追也追不上代扎，赶也赶不上代扎”，结果，苗族从此丢失了文字。

而城步苗族世代流传的《苗款》中的“天地起源款”就记录和保留了部分城步古苗文字：“初初年间，漆空虚，上阳朝间，乱阳世界，包罗天地，先置黑地，后置明天。上出立乾坤。”这句苗款描述了传说中天地初开的样子。

这段苗款中出现的“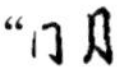”两个苗文字，按湘西、桂北苗族地区的方言，读为“海冒”，意为“漆黑”，译释成汉语，就是“混沌”前的状态。苗款中出现的“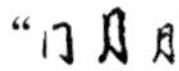”三个苗文字，苗语读为“雾麻麻”，意为有“微光”，译释成汉语为“混沌初始”状态。陆次云所著的《峒溪纤志·志余》一书中专门保留了“苗书二章”，给我们留下了宝贵的城步苗文资料。书中说：“苗人有书，非鼎钟，亦非蝌蚪，作者为谁，不可考也，录其二章，以正博物君子。”其收集古苗文的时间在1722年前，说明古苗文失传最多不超过300年。其所收录的古苗文二章《铎训》和《歌章》，说明古苗文能够用来写文章，表达一定完整的意思，属于真正意义的文字，而不是单纯的符号。到了20世纪六七十年代，城步一些上了年纪的苗族老人，仍普遍使用一些较为简易的苗文来记工分或记数，这些常用的代表数量的苗文字如下图：

苗民用文	译成汉语	苗民用文	译成汉语
勹(简写)[illegible](古写)	斤(简写)觔(古写)		
刃	两	亠	六
[illegible](中医也用)	钱	÷	七
石	担、石	亩	八
丨	一	夂	九
‖	二	ɑ	十
川	三	廿	二十
χ	四	卅	三十
[illegible]	五	刀	初

1952 年，邵阳市著名历史学家马少乔先生在城步蓬洞沙基参加土改工作时，有天傍晚在河边散步时曾发现一块苗文碑，但当时没有收藏，以后修水利时被当地群众作为坝基石用了，苗文碑石再无处可寻。

但时至今日，城步县境内一些上了年纪的苗族木工，他们在干活时，会将一些苗族文字书写在做好的木料上做记号，这些苗文字和它们所代表的意义如下图：

苗民用文	译成汉语	苗民用文	译成汉语
[illegible]	左	l6	柱
G	右	ク	瓜
W	山	P	方
G	正	[illegible]	排
[illegible]	前	么	总
[illegible]	后		

岳麓书社出版的《城步苗款》共保留了14个古苗文方块字。如下图：

苗文	译成汉语	苗文	译成汉语
[illegible]	混	[illegible]	听唱
[illegible]	泡	[illegible]	松
[illegible]	初始	[illegible]	炼铁工具
[illegible]	禾稻	[illegible]	泰山
[illegible]	气、烦	[illegible]	教育
[illegible]	锤打	[illegible]	太
[illegible]	山坡	[illegible]	老虎

以上事实证明，苗族确实有自己的文字，那么，又是什么原因让古苗文字失传了两个半世纪之久呢？

“文字狱”湮灭了古苗文

古苗文字为何会失传？经专家研究考证，古代苗族历经5次大迁徙后，只保留了苗族语言而丢失了文字。但地处湖南偏僻山区的城步县情况却有所不同。事实上，直到明清时代，当地苗族还在使用自己的文字。

据史料记载，明正统元年至元顺年间（公元1436至1464年），城步爆发了蒙能、李天保领导的苗民大起义。在苗族起义军中，曾广泛使用过苗文。

到了清朝乾隆年间，古苗文已在城步五峒四十八寨广泛使用，进而影响到湘桂黔边境的绥宁、通道、龙胜、锦屏等苗族地区，但与苗民分界居住的汉民并不认识苗文，清廷官兵更是视苗文为“天书”了。

据清《宝庆府志》《城步县志》等史料载，乾隆四年（公元1739年）至乾隆六年（公元1741年），城步再次爆发了苗族首领粟贤宇、杨清保领导的苗民大起义。在起义过程中，起义领袖为了逃避清廷的通缉、围剿，所刻制的印信、图章，所印发的文告以及往来书信、手札，均系苗文。这些苗文字“形似蝌蚪，似篆非篆，毫无句读可寻”，只有苗军能识，官兵“概莫能识”。在粟贤宇、杨清保率领的苗民起义被镇压下去之后，清廷方才醒悟，认识到起义军所使用的似篆非篆的图文，实为城步苗民内部的特殊文字——苗文。

为了防止苗民使用这种文字再次举事，清廷采取了消灭苗文的措施。乾隆皇帝下旨：“从前捏造的篆文，即行销毁，永禁学习。”于是，清廷对苗族居民进行逐寨逐户地全面搜抄、清查、销毁，永远严禁学习和传承使用苗文。这种“文字狱”是空前绝后的，在清廷的残酷镇压下，城步苗文慢慢消失了。

古苗文记录苗族重大活动事件

由于时间久远，加之大部分石刻暴露于野外，风化严重，在城步县发现的摩崖石刻上的古苗文，很多模糊不清，难以辨认。那么，这些古苗文字到底记载了什么内容？

从古苗文摩崖石刻群所处的地理位置来看，陡冲头村处于古代城步历次苗民起义的核心地带，距明代苗民起义领袖李天保和清代苗民起义首领粟贤宇、杨清保的起义地长安营仅一山之隔，且陡冲头地处古代城步的五峒之一——扶城峒，是一个能够产生重大故事的地方。

因此，根据当地苗民的风俗习惯、宗教信仰以及历史背景来分析，陡冲头古苗文摩崖石刻群所记载的内容，有可能是苗族地区发生的重大活动、重要文件、重大宗教祭祀内容等。

目前，湖南省文物局已将城步古苗文摩崖石刻上报给国家文物局，国家文物局将之列为重大考古计划之一，决定分两步进行考古发掘：一是地下文物考古，包括遗址的发掘、文化层的分析、年代历史的论证；二是地面考古，包括拓片的制作、图标的测绘、照片及 GPS 定位处理等。待考古发掘工作完成之后，相信陡冲头古苗文摩崖石刻群的“天书”之谜，终有一天会被破解。

坡芽歌书

2006 年，在滇桂交界的壮族小山村——坡芽，发现了令世人瞩目的奇特歌书。81 个图画符号，以古老简洁的形态浓缩了 81 首壮族民歌的精髓。类似象形文字的文字形态，音形义的高度结合，以及其所蕴含的丰富的壮族婚恋和民俗文化内涵，令学术界震惊。随着坡芽歌书被列入国家级非遗名录，这一文化瑰宝焕发出更耀眼的光彩。

小山村藏着神奇歌书

坡芽，正如其充满野趣的名字一样，是一座静谧甜美的小山村。它坐落于滇桂交界处的云南富宁县剥隘镇。壮语中，“坡”即山坡，“芽”是一种开黄色小花的灌木，俗称“黄饭花”，是壮家人制作五色花糯饭的黄色染料，“坡芽”即山花烂漫的地方。

在坡芽村，人们日出而作，日落而息，过着传统的农耕生活。歌，既是人们劳作之外的娱乐，也是抒情达意的媒介，消磨闲暇的工具。歌伴人生，是坡芽人日常生活的写照。

正是在坡芽这个好似世外桃源之地，人们发现了用奇怪图案记录的歌书。这一发现，不仅让坡芽村名扬在外，也引起了文化界的极大兴趣和关注。

2006 年 2 月，壮族文化电视系列片《丽哉勐僚》摄制组到云南富宁进行拍摄，富宁县借此机会对本地壮族文化资源进行了普查。在坡芽村，普查人员发现，农民唱山歌忘词了，取一张图来，照着上面的奇怪符号就能继续唱下去。在村民农凤妹家里，普查人员发现了一块完整的画有 81 个符号的土布，当地人称之为“布瓦吩”，意为把花纹图案绘在土布上的山歌，翻译成汉语就是“歌书”。

歌书从何而来？有着怎样的历史？对此，连坡芽人自己也说不清楚，只知道这是祖祖辈辈传下来的。如果记载歌书的土布破了、旧了，就用新的土布再画一张，如此代代相传。

云南省壮学会常务理事黄占啊介绍，坡芽歌书上绘有月、星、树、稻叶、犁、斧、禽、马、人、衣服、鸟笼等 81 个物象图案。每个图案约一寸见方，呈红色。这些图案是用削尖的竹签蘸上天然的红色仙人掌果汁绘成的。

据藏有坡芽歌书的农凤妹介绍，歌书上每一幅图都代表一首壮族山歌，81 幅图就是 81 首歌。她小时候学唱山歌之时，她的祖母便手把手地教她画这些画。久而久之，她看到一幅图，就可唱出一首歌。歌书，仿佛就是打开她脑海中山歌记忆之门的一把钥匙。

专家解读歌书符号和歌词

看到坡芽歌书的人，难免会提出这样的疑问：一个一寸见方的简单图案，怎么能代表一首歌呢？比如，歌书的第一个图案——月亮，其背后暗藏的是怎样一首歌呢？

云南省壮学会副秘书长、壮族文化研究者陆保成，是坡芽歌书的整理者之一。他解释，坡芽歌书是通过符号，以物意事、以物寓情。一个符号不是对应一个音节，而是对应很多音节、很多词汇，也可以说，是许多音节和句子浓缩为一个符号。这些符号既隐晦又富于哲理，它们所表达的意思为村寨的歌手们所熟知，因此一见到这些符号就知道唱什么内容。

就拿第一个图案月亮来说，就包含了好几重意蕴：一是壮族青年男女喜欢在天高月明的夜晚谈情说爱，皎洁的月光提供了浪漫的意境；二是月明之夜是男女青年互诉衷肠的爱情开端，此后历经多次互探，终于相知相爱；三是小伙子通过月光表明：我的心是纯洁的，月光可鉴。

就像人们熟知的刘三姐所唱的《藤缠树》一样，壮族民歌善于运用比喻手法，这样既能避免直来直去的尴尬，又能通过对歌考验对方的智慧。而这种比喻手法，在坡芽歌书中随处可见。

比如第 17 首《赌誓》，用农村常见的棉籽和丝瓜籽做赌物。这种“赌”不是赌博，而是一种考验。因为棉籽和丝瓜籽都是苦的，比喻追求爱情也许是艰苦的历程，暗示男方要有思想准备，也希望他能锲而不舍。这就要求男方正确理解女方的唱词，否则应答就可能文不对题。

又如第 37 首《笼中鸭》，女方一方面表明自己如关在笼中的鸭子一样，渴望追求自由和爱情；另一方面，形容自己正像关在笼中喂养的家禽会消瘦一样，也过得不如意，希望有人关心。

根据坡芽歌书上的符号图案所唱出的歌词，像其他壮族民歌一样，大多是五言或七言。如第 19 首就唱道：“愿妹身幻化，愿妹身会变，变作路边树，每天见几回。如同锅连灶，早晚在一起。”但因为歌书中有的反映相对完整的爱情故事，有叙事成分，因而个别歌词也有三言或超过七言的。81 个符号，81 首民歌，有 762 行歌词。这些歌词是约定俗成的，即便不是坡芽村人，附近村庄的人唱起来也只有细微差异。

那么，坡芽歌书所使用的旋律是什么呢？据研究，云南富宁及周边壮族地区自古流传着二十多种山歌调，这些曲调相对固定，坡芽歌书所唱民歌使用的也是这些曲调，如“吩果芒”（果树下的歌）、“吩打劳”（大河调）、“吩呃哎”（皈朝山歌）等。坡芽歌书的歌者根据不同的空间、时间和个人的心境，选择不同的曲调进行演唱，也可以综合多种曲调进行再创作。

列入国家级非遗名录，期待保护传承

神奇的坡芽歌书，被壮族古籍专家黄桂秋称为“壮乡儿女天籁欢歌的情爱密码”。不错，坡芽歌书虽然只有 81 首，却有着丰富的文化内涵，勾勒出一幅幅壮家人的婚恋风俗画。壮族依歌择偶、对歌联情的程序，如见面歌、初问歌、赞美歌、追求歌、初恋歌、深交歌、定情歌等，坡芽歌书基本都囊括了。

同时，坡芽歌书的 81 个符号是内在紧密联系的整体，其所表现的内容是有头有尾、有始有终的，符号之间不能颠倒，否则就会影响情节的连贯。

抛开音乐和历史文化因素，单从文字的角度来考察，坡芽歌书也有着重要的价值。专家们一致认为，81 个符号是我国活着的图画文字之一。语言学家周有光，将坡芽歌书定位为“文字之芽”；

清华大学教授、古文字专家赵丽明认为，“坡芽歌书在文字形态上，比东巴文字更古老，在文学形态上，具有《诗经》的韵味”；壮族诗人、音乐家瑙尼认为，坡芽歌书是一部象形诗歌或者歌词，这种集图、词、曲为一体的民族民间作品实在罕见。

坡芽歌书的整理者陆保成认为，由于壮族古代创制的方块文字（古壮字）没有通行，民歌传唱大多是口耳相传的，用文字或符号记载下来的少之又少，系统而完整的民歌抄本极少见到，因而像坡芽歌书这种记录民歌的符号能被发现，极其宝贵。

2011 年 6 月，坡芽歌书入选第三批国家级非物质文化遗产名录。为保护传承这一文化遗产，富宁县编撰出版了《中国富宁壮族坡芽歌书》，还建立了坡芽文化研究所和坡芽歌书传习馆，并从壮剧团中挑选了一些人组成坡芽山歌队。这支山歌队在第 14 届 CCTV 青年歌手电视大奖赛原生态单项总决赛中，以纯净柔美的天籁之音惊艳全场，获得优秀歌手奖。

农凤妹，作为坡芽歌书的国家级传承人，在清华大学百年校庆时以特邀嘉宾的身份登台献艺，与 100 多位国内外专家学者探讨了坡芽歌书的传承问题。她说，只要村里人愿意学，她一定会教他们，一定不让坡芽歌书失传。

红崖天书

被誉为“黔中第一奇迹”的红崖古迹，一直被文人学者称为“神秘天书”“绝世之谜”。近百年间，不断有学者对其进行考察研究，掀起一次又一次的破译热潮。随着仡佬文字的发现和深入研究，有学者指出，用仡佬文与“红崖天书”进行比对识读，能解开不少疑团，更为进一步研究夜郎历史、寻找夜郎王墓、掀开神秘夜郎的面纱提供了信息。

在贵州省安顺市关岭布依族苗族自治县境内晒甲山附近的断桥乡龙爪村，至今流传着这样一首民谣：“红岩对白岩，金银十八抬，谁人识得破，雷打岩去抬秤来。”这首民谣暗含的意思是：晒甲山的红岩对面有一堵白岩，红岩里面藏着十八抬金银，而白岩里则藏着一把大秤，倘若有谁能够识破这红岩上的“天书”，红岩就会自行洞开，人们可以去对面的白岩里取出大秤，到红岩里去取里面藏的十八抬金银。这个民谣虽然有些玄虚，可它却直指“红崖天书”为“藏宝图”。那么，这“藏宝图”究竟如何能破解？

“红崖天书”的三次破译高潮

“红崖天书”位于晒甲山西侧岩壁上。在一块长约 100 米、高 3 米的土红色石壁上，分布有 20 余个非镌非刻、非阴非阳、似隶非隶、似篆非篆、形若古文的图画符号，字迹红艳似火，虬结怪诞。由于无人能识这些字符，更难解其意，因此这些字符被称为“红岩碑”“诸葛碑”，晒甲山也常被人们称为“红岩山”。

关于“红崖天书”最早的文字记载始于公元 1500 年（明弘治十三年）。《贵州图经新志》中记载：“红岩山，在永宁州西北八十里。近山间居民，间闻洞中有铜鼓声，或岩上红光如火，则是年必有瘴疠。世传以为诸葛武侯驻兵息鼓之所。”

公元 1546 年（明嘉靖二十五年），贵州普安州（今盘县）诗人邵元善的诗提及“红崖天书”的形貌，而且还对其做了有史以来的第一次破译，从而掀起“红崖天书”破译的第一次高潮。邵元善认为，“红崖天书”是三国时期诸葛亮南征时与当地少数民族结下的诅咒盟誓的石碑。

清朝道光、光绪年间，由于民间收藏热的兴起，出现了“红崖天书”破译的第二次高潮。

公元 1901 年（清光绪二十七年），永宁州团首罗光堂为了晋级，想要拓印一大批“红崖天书”，以送给顶头上司，便命令工匠用桐油拌石灰涂凸字面，使字变成阳文进行拓印，之后又命令工匠用锤钻将桐油石灰铲平，让人参照还残留的某些笔划，随意乱刻上一些似文似图的字，这样就使“红崖天书”的本来面目遭到了破坏。

20 世纪 90 年代，随着贵州安顺地区行署发出百万元悬赏破译“红崖天书”的消息，社会上掀起了第三次破译高潮。

但是，自明朝弘治初年至今 500 多年，虽然参与破解研究“红崖天书”的学者给出了 40 余种说法，但是，他们的破解都存在诸多破绽或难以让人信服的地方，能够得到绝大多数专家学者认可的破译至今没有出现。故有人认为“红崖天书”的神秘性不亚于古埃及的金字塔、秘鲁纳斯卡地画、巴比伦空中花园等世界奇迹。

仡佬古文字的发现

2008 年 8 月，贵州省仡佬学会的专家学者在黔、滇、桂等省区的仡佬族聚居区进行考察时，在黔北仡佬族民间发现了一部用汉字和仡佬古文字符号记述仡佬族历史文化的手抄本——《九天大濮史录》。

《九天大濮史录》全书共 511 页，线装 4 册合订，成书于南宋时期。书中内容均用仡佬古文字符号和汉字双文书写，汉字用黑墨，仡佬文用朱砂。书中主要记载了仡佬先民的起源、建国、兴衰经过及南宋以前一些重要历史人物对仡佬先民的评说。如南宋宰相韩侂胄对仡佬的评价：“仡佬，睿民也，强悍忠义、倡和，始于九天天主……禹时建汪芒国，夏孔甲时建大元国，周厉王时大元改普，后牂牁，再夜郎，仡佬先民有自己的国家达两千余年也。”书中还对仡佬先民发现酒、茶、朱砂、水银的历史作了较为详细的记载，是较为难得的史料。

《九天大濮史录》的发现经媒体报道后，引起了学界的极大关注。贵州省仡佬学会又多次赴仡佬族聚居区调查走访，相继在民间发现并征集到另一部手抄仡佬文献古籍《濮祖经》和全部为仡佬文书写的《九天大濮史录》。其中，《濮祖经》约两万字，共 211 页，重点记述了仡佬先民中各先贤的丰功伟绩和卓越贡献。

仡佬古籍在民间的发现，为研究仡佬族历史提供了大量线索和珍贵信息。特别是已发现的近 4000 个仡佬古文字，既有结绳记事的原始特征，也有表象与表意相结合的汉字风格，中国古文字专家认为其与汉字有一定渊源，对研究仡佬族历史文化和西南地区历史有重要价值。

“红崖天书”与仡佬文字的比对识读

据《九天大濮史录》记载：宋真宗时，与辽朝签订了缴纳岁币的“澶渊之盟”，宋人哗然，为掩人耳目，宋真宗便授意宰相王钦若假称天意，以“百字仡文诈仙人书，挂于承天门”，此字被刚烈忠直的张咏识破而“知假告主”，说这是“仡佬文”而不是“天书”，宋真宗笑曰：“仡佬，九天之子，天书如仡文，仡文如天书，何来假？”

据各类文献资料记载，古代西南地区濮人势力范围极广，号称“百濮”，他们劈草开荒，强悍忠义，倡和合，兴巫道，加之最早经营朱砂、水银等，被人们称为“天之子，人中精”，作为其后裔的仡佬族，民间一直流传着“天书”的传说，因此，“天书”实为仡佬先民的古文字。

根据“红崖天书”所处的位置看，安顺自古就有“黔之腹、滇之喉、粤蜀之唇齿”之称，按《九天大濮史录》记载，属古夜郎国二十一府之一的柯王府。“红崖天书”上所刻的字符在《九天大濮史录》中均能找到对应的仡佬字符，且字符相似程度惊人，也与《濮祖经》中所述的“竹王没于，周贞定王，当王一年，寒冷冬天，距离九天，十日路程，名柯之地，夜郎王府，葬于削岩，山绝远处”历史事件完全吻合，这是解读“红岩碑”的关键和核心所在（在贵州地下文物、民间工艺中，此类文字还有大量传承）。

根据“红崖天书”记载的内容，结合仡佬古文献资料，专家推断：“红岩碑”应为夜郎国初期竹王的子女所刻，书写的时间是在公元前468年（即周贞定王元年）夜郎国首任国王李竹离世之时，距今约2500年。其文字内容是（从右至左）：多思淳祷，夷安惊盛，长编为铸，雷绝削冤，巨钿方圆。鹤由湛、磊、炎、蒴、苍、丘、昕、虞。全文共30字。大意为：常常思念，真诚祷告；在平安祥和的夷人境内，发生了惊天震地的大事，一位用巨著长编都难以诉尽其功绩的大人物离我们远去，其魂魄寄藏在一个雷绝削顶、无人能及的地方，他的无限荣光，将永远照耀四面八方，神灵的仙鹤将带去他的子女——湛、磊、炎、蒴（夜郎竹王之子）和苍、丘、昕、虞（夜郎竹王之女）深深的缅怀之情。也就是说，“红崖天书”很可能是居夜郎国柯王府的竹王子女祭祀夜郎竹王亡灵的一块碑文。

释读“红崖天书”可进一步研究夜郎古国

据仡佬古文献资料记载，李竹31岁称王夜郎，当时夜郎国共辖21府，竹王每府一妻，共有子女41人。周贞定王元年的一个冬天，竹王在巡游各府时，死于柯王府（今安顺市镇宁和关岭一带），由于夜郎地域辽阔，加之天寒地冻，路途遥远，要告之各府和所有子女非常困难，便葬在柯王府辖地的一个绝壁之处，由参与葬礼的竹王的 8 个子女共同立碑祭祀，借以盟告族人。

据考证，夜郎国始称耶朗国，于战国时期建立，秦始皇时期为方便记载，才改“耶朗”为夜郎，汉成帝河平二年（公元前 27 年）被汉王朝所灭。

有专家认为，仡佬族是西南地区最古老的世居民族之一，仡佬先民可能是夜郎国的王族。早在春秋战国时期，他们就用自己的特产——朱砂、水银结盟于中原王朝。他们信守和合，交朋远游，成就了西南地区悠久的历史文化和诸多神奇传说，当然也留下了颇受争议的“夜郎自大”的千古话柄。

尝试用仡佬文对“红崖天书”进行比对识读，可以使人们对千古谜团的“红崖天书”的形成背景、碑文内容有更多的认识。“红崖天书”为何会在黔中腹地出现？为何要书写于绝壁山巅？为何以红色朱砂为原料？为何使用这种神奇的“怪异文字符号”？诸多疑点可以一一化解。更为重要的是，“红崖天书”的释读，为进一步研究夜郎历史、寻找夜郎王墓、掀开神秘夜郎的面纱提供了更多的信息和依据。

摩　经

“三月该种地，四月宜种田；夫约妻早起，妻约夫早起，早起在人前，致富不遥远。”这是布依族摩经中的一段话。对于布依族摩经以及由此形成的摩文化现象，一直是存在争议的。直到2010年贵州省荔波县选送的布依族傩书、经书《献酒备用》、《接魂大全》等入选国家珍贵古籍名录，其作为文化遗产的身份才得到肯定。

继在布依族摩经中发现布依族古文字之后，又有人提出了摩经是布依族“圣经”的观点。布依族摩经承载着极其丰富的文化内涵，这些神秘的密码，大量存在于那些泛黄的典籍中，存在于每一个“布摩”的脑海里，有待于人们进一步探索和挖掘。

摩经是布依族“圣经”？

出生于贵州望谟县打尖乡喜豪村的王玉贵，打小就受到作为“布依摩公”（“布摩”）的父亲的影响，对摩文化情有独钟。自懂事起，王玉贵就经常帮助父亲“打老摩”（布依族使用摩经开展的民俗活动）。但是由于当时不懂布依文字，王玉贵没办法把所有口头传授的“摩”都记录下来，加之当时家人怕学习那些“迷信”的东西影响他学习汉语，他才不得不停下来。

然而，王玉贵对布依族摩文化的喜爱从未间断。在总结了多年的研究之后，他提出了一个堪称“大胆”的观点——摩经就是布依族“圣经”。此观点一经提出，在学界及布依族同胞中都引起了较大的反响。有赞成的，有反对的，也有持观望态度的。

“什么是圣经？圣经就是古代圣贤之经典著作与语录，而非专指基督教典籍《旧约》和《新约》。”王玉贵说，古今中外普遍把具有典范性、权威性的著作称为经典，比如，儒家经典主要有四书五经，宗教典籍有《圣经》《古兰经》《金刚经》等。望谟县（原名王母县）的布依族同胞把在此流传了千百年的布依族摩经称为“王母圣经”。

王玉贵进一步解释说，“摩”是布依族传统文化中的一个特殊类别，也是最容易被人误解的一种文化类别。因其表现形式与巫文化“沾亲带故”，所以，大多数“摩”都曾被错划为巫文化而遭践踏。其实，巫术只是“摩”中独立存在的一小部分。“巫”属于“摩”，但并非所有“摩”都是“巫”。布依族的“摩”有狭义和广义之分，狭义的“摩”包括“大摩”、“小摩”、敬神、求雨、扫寨、祭祀和符咒等；广义的“摩”还包括与阴阳讼师的对答、预测吉凶、巫术等。

对于摩经就是布依族“圣经”的说法，望谟县县长农文海表示肯定。他认为，布依族摩经是布依族古歌、山歌、传统道德、风俗习惯、传统节日等的起源，是布依族的史书。布依族古文字基本上是摩经的专用文字，因此，布依族古文字与摩经典籍是具有血肉联系的。研究发现，望谟布依族摩经的内容涉及历史、哲学、道德、礼仪、动植物学和生命科学等，其中还有《王母的传说》这类关于布依族起源的感人故事，具有普遍的教育意义，是布依族具有恒久生命力的经书。

摩经有着怎样的前世今生？

“摩”在布依语中有“念叨”、“唠叨”、“埋怨”和“诅咒”等意思。“摩经”中的“经”，则借用了汉语的“经典”和佛教的“经书”之意。

据有关专家介绍，摩经是布依族用汉字和土俗字记录布依语音形成的一种规范的宗教经典文本。摩经文字主要有 3 种类型：第一种是比较抽象的符号；第二种是自创的表意文字和少量汉字；第三种是借用汉字造字法创造的方块字。摩经大致形成于唐宋时期，早在“布摩”中口耳相传。随着历史的发展，又有不少新的内容添加进去，到了明清时期，才由本民族中懂汉文的知识分子，用汉字和土俗字将其记录下来，成为书写的民族文化符号。

汉文典籍对布依族摩文化有不少记载。比如，清《兴义府志》载，布依族“惟神祀彭岑，空庭为庙，俗重老摩”；《安顺府志》载，仲家“丧则屠牛，执牛角灌饮。葬用棺，以伞盖墓上，期年而火，祭用枯鱼”；《荔波县志稿》说，布依族“丧家在安葬前之数日，先开路念经。附近各村男女，于每晚间天黑时齐集丧家门外，男女分行对立，各执长尺余之竹刷把一把，互相敲击，一人执一木棒击粑槽作拍子，虽百数十刷把蝉联，而击之出声，有条不紊；并于灵柩前悬挂铜鼓数面，每面用一人敲。其余各执四五尺长竹竿一根舂板作拍子，节奏亦颇和谐。盖因办丧事时，各亲友来吊，借此娱乐，以消永夜耳。”诸多文献记载，证明了布依族摩文化的悠久历史及其重要文化事象。难能可贵的是，这些记载中还保存了有关布依族丧葬活动和摩经的信息。

摩经《祭歌》是布依族先民在祭祀时唱诵的长篇歌诀之一，专用于超度亡灵和祭奠死者。它是布依族先民对人死后精神向何处去的一种最美好的祝愿，也是一种原始、纯朴与天真的设想。其中所设想的人的灵魂升天过程中所遇到的磨难，比现实要复杂得多，有的还对现实作了变形的描述——美好的东西比现实还要美，丑恶的东西比现实还要丑恶；容易的比现实还要容易，艰难的比现实还要艰难等。《祭歌》表面上看具有明显的巫文化内容和语言特点，但并不是单纯的巫文化。“我们一旦揭去其外衣，就会发现它有中华民族传统文化的内核。”王玉贵说，布依族摩经明显具有以下几个方面的文化价值：对孝子作伦理道德、阴阳五行、人生祸福与为人处世、物种起源、感恩戴德、神话传说、风俗习惯等的教育。

新中国成立后，布依族摩经几经生死考验。20 世纪 50 年代，大量布依族摩经民间抄本被发现搜集，如《辟地撑天》《十二个太阳》《兴年月时辰》《造千种万物》等。20 世纪 60 年代中期以后，以摩经为代表的布依族文献古籍遭到了毁灭性的破坏。“文革”期间，大多数宗教活动被视为封建迷信而遭禁止，布依族摩经抄本也被视为“四旧”的产物而遭收缴、焚毁，多数地区的摩经被付之一炬。学术界对摩经的发掘、整理也基本停止。“文革”结束以后，作为布依族民间文学研究的一部分，布依族摩经的搜集、整理和翻译研究工作才逐渐得以恢复。

改革开放以来，布依族地区文化建设得到了很大的发展，汉语得到广泛传播和普及，很多布依人平常都不讲民族语言了，但是，在一些布依族村寨里，“布摩”仍大有用武之地，摩经及布依族古文字仍彰显着顽强的生命力。

布依族最具价值的典籍

对于摩文化的价值，贵州省政协原常务副主席、省布依学会会长王思明认为，摩文化是以布依族信仰为核心而形成的综合文化事象。它是布依族的知识体系，反映了布依族哲学、宗教、伦理观念等重要精神文化内容，在历史的长河中为布依人所享用，是布依人心灵栖息的家园。布依族古文字与摩文化典籍以及摩仪式有很强的传承性，虽然在传承过程中有一定的变异，但总体上保存了布依族历史上很多文化因素，因此具有重要的认识价值、研究价值和实用价值。

“布依族的典籍，以摩经最具民族特色。”贵州大学人文学院历史系副教授罗正副说，如果深入考察一个民族会发现，他们尊崇的具有信仰意义的经典，乃是最能展示其社会生活、伦理道德、风俗规范、历史文化、思想信仰等的源头。事实上，一个民族区别于其他民族的根本文化因子，就深藏在各民族经典之中。只有深入挖掘民族经典，从中解读深层的文化涵义，才能真正全面理解和把握不同民族别具风采的文化本源。

西夏文

1908 年，俄国人科兹洛夫在漫漫沙海之中的内蒙古额济纳旗黑城遗址掘出了大量西夏文物和珍贵文书，用了近百峰骆驼才将其运走。西夏，这个神秘的王朝由此跃入了国际的视野。从那时起，越来越多的学者开始研究西夏，以至西夏学逐渐成为一门名副其实的显学。

研究西夏，当然得从西夏留下来的大量文献入手，而西夏文献多用西夏文书写，对西夏文字的破解也成了关键。自从蒙古人的铁骑攻破西夏后，这个王朝及其主体党项人仿佛一夜间烟消云散，而西夏文字也很快湮灭在历史风云中。在尘封八百多年后，西夏王朝的文献大规模浮出水面，该如何去解读这些神秘的文字呢？

西夏文字的面目

公元 1038 年，党项人的首领元昊在中国的西部建立起一个国号为“大夏”的少数民族政权，形成了我国历史上辽、宋、夏、金并立的局面。因为大夏地处当时宋朝的西方，所以宋人称其为“西夏”。西夏的版图囊括了今宁夏、甘肃大部、陕西北部以及内蒙古部分地区，境内生活着羌族、汉族、回鹘、契丹等民族。西夏创造了灿烂的文化，而其中一项重要内容便是创制了西夏文字。

西夏文又名“河西字”“番文”“唐古特文”，是记录西夏党项人语言的文字。党项人原来是没有文字的，他们在与汉、藏等民族接触融合中，逐渐学会了汉语和藏语。元昊正式称帝前的大庆元年，命大臣野利仁荣创制西夏文字，3 年始成，共 5000 余字。

西夏文字最大的特点是形体方正，笔画繁冗，乍一看很像汉字，但是却没有一个字与汉字相同。这是因为西夏文没有采用汉字的单字或者偏旁，而是利用汉字的点、横、竖、撇、捺、提等基本笔画创制的，但是没有汉字的竖钩。

西夏文看起来繁复，是因为其没有三笔以下的字，笔画大多集中在 10 画到 20 画，认读起来很有难度。西夏文的构字法类似汉字的“六书”，与汉字相比，斜笔多，会意字和形声字多。

从书法的角度考察，西夏文有篆、隶、真、行、草五种书体，真书即楷书。传世西夏文献中已发现篆、楷、行、草四种书体，而未见隶书。楷书多用于刻印，篆书散见于金石，行草常用于手写。

西夏文创制以后，在西夏国内广泛推行，曾汇编字书 12 卷，定为“国书”，还编写了字典。西夏人上自官署文书、法律条令，下至民间书信，均用西夏文字书写，另文学著作、碑刻、印章，以及译自汉、藏文的佛经等，也用西夏文书写。在西夏王朝曾统辖的今宁夏、甘肃、陕西北部、内蒙古南部等广阔地带，西夏文盛行了约两个世纪。

西夏文献丰富，但流失严重

公元 1227 年，盛极一时的西夏帝国亡于蒙古人的铁蹄之下，党项人四处逃亡，西夏文字也随之逐渐消失，成为“死文字”。

但是，由于西夏一朝使用西夏文的范围很广，所以现存的西夏文献很多，仅敦煌石窟的西夏文题记就有百处以上。尤其需要指出的是，西夏文献留存丰富，还有赖于其重视雕版印刷和活字印刷技术。

中原的雕版印刷在 11 世纪传入西夏，随后就出现了大量西夏雕版的官刻本和佛经刻本。随着雕版印刷术的不足日益显现，西夏人也在寻求更便捷的印刷方法。因此，在毕昇发明活字印刷术不久，西夏便将它引进过来。在中国国家图书馆馆藏的西夏文活字印本《大方广佛华严经》中，在旁边的题记中就提到了当时拣字、排字的工作。

尽管西夏文献留存至今的很多，遗憾的是其中相当大一部分却流失到了海外。20 世纪初，在西夏的军事重镇黑城遗址出土后，俄国探险家科兹洛夫组织了两次对黑城的考古，将大量西夏文献带回俄国。俄藏西夏文献有八千多个编号，数千卷册，五百多种，其中，仅世俗文献就有近百种，后绝大部分被藏于圣彼得堡。

此外，英国、法国、瑞典的探险家也在黑城遗址中得到了一些西夏文献。印度、越南也藏有一些西夏文献。

20 世纪前，世界上还见不到一部西夏文献，而现在西夏文献已占中古时期文献的很大比重。可以说，黑城西夏文书的发现改变了中国古籍分布的格局。

1917 年，我国考古人员在今宁夏灵武县发现了不少西夏文佛经，大部分藏入中国国家图书馆，一部分藏于宁夏、甘肃，一部分流失日本。新中国成立后，甘肃的天梯山、敦煌、武威，宁夏的银川、贺兰山，内蒙古的黑城、绿城等地又发现了不少西夏文献。

目前，世界上已形成了以俄罗斯所藏黑城文献为主、中国国内外多处收藏为辅的西夏文献宝库。这些文献都是珍本、善本，学术价值极高。

解读神秘文字，推开西夏文化之门

西夏文献是打开研究西夏文化之门的钥匙，其能否完整破译，对于西夏的研究至关重要。但由于西夏文献的大量外流，导致我国学者对西夏文的研究起步较晚，经过几代人的努力，直至现代才逐渐赶上其他国家。

在黑城遗址出土物中，西夏辞书《文海》与《音同》收字最全。这两部辞书是由西夏时期的党项人编著的，为研究西夏语言、文字提供了丰富的实物资料，同时出土的还有一部由党项人骨勒茂才编著的辞书《蕃汉合时掌中珠》，它是用汉文与西夏文对音、对意的方式编成的，并收录了许多党项词汇，成为后人解开西夏语言、文字的钥匙。百年来，中外学者根据这些珍贵的文献资料，经过艰苦不懈的钻研，已基本掌握了西夏文的结构与部分语音，使西夏学的研究有了明显的突破。

同时，学者们在整理俄罗斯藏西夏文献中，发现了关于西夏社会的一批重要资料，如《圣立义海》系统记录西夏自然状况、社会制度和伦理道德，《天盛改旧新定律令》是全面反映西夏社会政治、法律、经济、文化、宗教的王朝法典。还有大量反映西夏社会底层的乡里户籍，军抄文书，借贷、买卖文契，各种账目、官牒私信等，都是当时西夏社会的真实记录。这些文书多是草书，很多记有西夏的年号。这些文书从数量、内容、价值来看，都可与敦煌文书相媲美。

1997 年，经过著名西夏学学者李范文 25 年的潜心研究，国内第一部也是唯一一部西夏文字典《夏汉字典》出版，这为破译西夏文、打开西夏文献宝库提供了一把“金钥匙”。2008 年，在李范文主持下，《简明夏汉字典》修订出版。

经过几代中外学者的研究，对西夏文与汉字的形体对应关系，西夏文形、音、义的基本要素，西夏文的构造方式，西夏文的读法，西夏文意义的解索，进行了广泛、深入的讨论。目前，西夏文的研究已经接近建立完整体系的阶段。

如今，在宁夏社会科学院的努力下，西夏文字已实现了电脑录入。有专家认为，“远看全是字，近看不是字”的西夏文实现电脑录入，极大地便利了电脑写作以及正规书刊的排印。2013 年 9 月，社会科学文献出版社出版了《西夏文教程》，这是国内外第一部西夏文教程。

宁夏大学西夏学研究院院长杜建录介绍，在 21 世纪，数字化方法将在西夏学研究中得到广泛应用，西夏文献数据库、西夏遗址数据库、西夏文物数据库、西夏研究数据库等将建成并向学术界开放。

岩画诗篇

左江是广西境内最重要的河流之一，它蜿蜒500多公里，滋润着两岸的土地，也孕育了独特的文明。沿着左江的悬崖峭壁上，至今仍能看到大面积的赭红色岩画，这些岩画高踞于江面几十上百米，岩画里那些奔跑舞动的人物，虽造型古朴简单，却充满了原始的生命力。千百年来，这些岩画俯视着滔滔江水，阅尽了世间变迁，无声地向人们诉说着远古的故事。

一直到今天，人们仍为这个在壮语中称为“岜莱”（即画得花花绿绿的山）的地方而着迷。花山岩画，从何时而起，由何人而画，因何事而画，又如何而画呢？近年来人们不断地探究，渐渐揭开它冰山一角，然而还远未穷尽它的奥秘。

最大、最高、最雄伟的岩画

看过花山岩画的人，无不为其气势所震惊。它创造的多项记录，在今天看来仍不可思议——

一是规模宏大。花山岩画是中国迄今发现的规模最大的岩画群，其分散于中越边境延绵200多公里、幅员2800平方公里的左江、明江两岸，共有 84 个地点，183 处，287 组画作。近年来，广西方面请专家经反复调查、考证，选取了宁明、龙州、江州、扶绥三县一城区境内分布密集、具有代表性的 38 个岩画点，以“左江花山岩画文化景观”名称申报世界文化遗产。光这 38 处岩画点，就绵延 105 公里，有 107 处岩画、3800 多个图像。其绘制年代大致从周代至汉代（公元前 5 世纪至公元 2 世纪），跨越了大约 700 年的光阴。

二是地势高拔。花山岩画大多画于河流拐弯处的悬崖峭壁上，地势险峻。如被列入申遗项目的 38 个岩画点中，有 33 个位于江河拐弯处，画面大多分布在距离水面 15 至 100 米之间，最高达 130 米。

三是画幅巨大。花山岩画中的人物以体型硕大而闻名。申遗 38 个岩画点中约有 3311 个人物图像，其中 500 多个正身人像的高度为 1 至 1.8 米，在岩画遗产中属于个体人像较大或巨大的。其中，最具代表性的宁明县城中镇耀达村的花山岩画，宽约 172 米，高 50 米，面积达 8600 平方米。

花山岩画的这些特点，造就了其场面壮观、气势雄阔的风格。当然，花山岩画还有不少显著特征，如时间久远、年度跨越大，绘画颜料也很特别，当时人们对颜料的驾驭，使花山岩画历经两千年的风雨洗礼仍然鲜艳如初。

壮族先民，花山岩画的创造者?

谁是花山岩画这一伟大奇迹的创造者？

众所周知，如今居住在左江流域的人群以壮族为主。花山岩画的创造者，是否与壮族有着某种联系？经过专家的研究，越来越证明花山岩画的创作者应该就是壮族的祖先——骆越人。其证据何在呢？

其一，花山岩画与附近遗址之间存在一定的关联，约90%的骆越人古遗址周边均有岩画分布。从遗址中发现的遗物分析，花山岩画附近可能就是当时人们生产生活的场所。

其二，岩画与出土文物相对应。花山岩画中，“环首刀”、格剑等器物的图像随处可见，而这类刀剑，广西战国中晚期至西汉的墓葬中均有出土。岩画中还可见羊角钮钟图像——这在广西也出土了3件。

还有一个有力证据就是铜鼓。花山岩画中有形式多样的圆形图像，目前尚能辨认的约有376个，绝大部分为铜鼓。有的只画出鼓面，有的鼓面中心有芒，个别鼓面侧边有耳。而广西出土的铜鼓数量众多，纹饰和造型都能对应。壮族人崇拜铜鼓，至今仍保存着节日或祭祀时敲铜鼓的习俗。

此外，花山岩画在表现舞蹈或祭祀场面时，人物大多双臂向两侧平伸，曲肘上举，双腿分开成屈蹲，明显是模仿青蛙的姿态，而蛙神崇拜正是壮族的古老传统，青蛙舞至今仍在民间有所流传。

通过大量的考古发掘和研究工作，左江地区史前文化和历史时期考古学文化发展序列得以建立起来。它证明从旧石器时代以来，花山岩画的中心区一直有古骆越人生活。正是壮族先民的持续活动，为花山岩画的创作和发展奠定了基础。

高高的岩画，如何画上去？

花山岩画的一大特点是“高”，画作均悬于峭壁之上，离水流湍急的江面达几十上百米。那么，在科学技术极为落后的两千年前，人们是如何作画的?

当然，传说是一直存在的，那就是花山岩画乃神授天赐。其中有一个传说就讲到，古时候左江流域兵荒马乱，百姓苦不堪言，有个叫蒙大的人决心带头造反，但苦于没有兵马。一天，有个须发皆白的老人送给他一支笔，让他画兵马刀枪，等到一百天时纸上的画就会变成真人真马，但这事不能让别人知道。谁知第 99 天时，蒙大的母亲好奇打开了画，刹那间纸片哗啦啦飞出屋外，黏在了村前崖壁上，变成了花山岩画。

实际上，花山岩画的绘制是极为艰辛的，经专家初步推测，古骆越人可能采用了至少 4 种方式来绘制岩画：自下而上攀援法、自上而下悬吊法、直接搭架法、高水位浮船法。

攀援法即利用崖壁上的树枝、树根或岩石裂隙等，攀援而上到达作画点。悬吊法即从崖壁顶部悬吊而下以达到作画点。但崖壁是如此陡峭光滑，即便到达作画点，站立尚且艰难，更何谈作画？专家据此估计，古骆越人可能使用了绳索、藤条或木桩等辅助工具来固定作画者，现在仍可以在一些岩画点见到遗留物。例如，在宁明花山一处距离江面 100 多米的洞内，专家曾发现一节垂直打入石缝的古代木桩，经测定已有 2680 年历史；在龙州县沉香角画壁上，也有残存的木桩。

高水位浮船法，是指在山洪暴发、江水上涨之时，利用高水位浮船或木排到画壁下作画。但涨水之时，船飘摇不定，画师们还有闲情逸致作画吗？另一种直接搭架法，即在坎坡上搭一定高度的木架，画者攀在木架上作画。细究起来，要搭架子，必须从河里搭起，高度达几十米，其难度可想而知。

实际上，目前的种种推测多出于地形判断和常识，还有很多疑问不能解开，有待进一步的考古和研究。

岩画传递了什么信息？

无论古骆越人以什么方式攀上崖壁作画，无疑都冒着极大的风险。敢于置生命而不顾去作画，这是一种什么力量的驱使？他们画这些画想传递什么信息？

花山岩画中最具代表性的画作带有明显的祭祀场景：众多的侧身人围绕着一个高大的正身人，正身人装束特殊，腰挂刀剑，脚下大多有马、狗等动物，很像是行祭的指挥或部族首领。周围的人击鼓弄乐、纵舞狂欢，跳的似乎是一种受某种观念制约的、形式固定的集体舞蹈。

有的专家认为，岩画描述的是骆越人抗击外敌入侵而取得胜利的庆祝场面；有的认为其表达了骆越人祈求上天保佑其兵强马壮的愿望；有的认为这突显了古时人们的宗教虔诚，不仅祭祀时动用大量人力物力，还要将其场景绘在岩壁上，以表达对神明的供奉；有的认为岩画是骆越民族首领用以宣扬自己文治武功的，当时花山部落大首领联合其他小部落结成联盟，而岩画就记录了当时的部落会盟；还有的认为这是骆越人用来镇河妖的，目的是祈求风调雨顺……各种观点说法不一，至今还没有定论。

但可以肯定的是，花山岩画真实记录了古骆越人的社会生活场景，反映了他们的历史风貌。从中，我们可以看出古人当年的装束——大多数人像都有头饰，且形式多样，有椎髻形、双角形、独辫形，甚至还有倒“八”字形、“Y”字形、面具形、芒圈形等。

少数人像腰间还佩戴有环首刀、长剑，有的则拿在手上。

岩画中的人像皆裸体跣足，也与文献记载中骆越人“断发文身”“项髻徒跣”的习俗相吻合。

花山岩画还体现出骆越人就地取材、运用矿物作颜料的技巧。考古专家选择了岩画所在山峰的洞穴内进行发掘，在棉江花山洞穴遗址、沉香角岩厦贝丘遗址、下白雪岩画点等3处遗址，采集到了一些红色软石料。这类石料呈赭红色，质地轻软，方便利用，不经研磨就可在岩壁上画出红色线条、图案，颜色与左江岩画类似，在岩石上的渗透效果较好，普通流水冲刷不易掉色。

经北京大学考古文博学院科技考古实验室的微量元素分析仪器测试，这类石料含铁成分很高，并含有钡、锰、银等其他元素。如果这些软石料的各微量元素比例与岩画颜料的成分配比类似，就为岩画颜料来源的研究提供了实物材料。

花山岩画艺术的盛衰

花山岩画这一独特人文景观，自古以来就备受瞩目。宋代李石的《续博物志》中，就有“二广深溪谷石壁上有鬼影，如澹墨画。船人行，以为其祖考，祭之不敢慢”的记载。“二广深溪”，很可能是指左江，如果此说不误，这便是有关花山岩画的最早记载。

到了明代，张穆在《异闻录》中也提及“广西太平府有高崖数里，现兵马持刀杖，或有无首者。舟人戒无指，有言之者，则患病。”清康熙年间《思明府志》则记载：“花山，在府西八十里，其山近水，怪石嵯峨，现人形、马、象，执戈刀旗鼓之类，遇者观之，有所敬畏。”

直到现代，专家才对花山岩画做深入的研究，并考证其创作持续了 700 多年，经历了兴起—成熟—简化—衰落 4 个时期。

第一期约为东周中晚期，人物圆头细颈，上身呈柱形或三角形，画面构图简单；第二期约为战国晚期至西汉早期，人物有长方形的脑袋，有“Y”字形头饰，还佩带刀剑，并且出现了“众星捧月”的宏大场面，艺术水平达到顶峰；第三期大致为西汉中后期，人物变成了细方头，宽胸细腰，头饰更为简单，人和动物都很瘦长；第四期约在东汉时期，岩画数量明显减少，人物线条纤细，画面组合单调，排列无序。

岩画何以走向式微？有专家认为，随着生产力的发展，古骆越人整个族群的大规模祭祀仪式，逐渐被个体家庭的小规模祭祀所取代。单个家庭再也无法承担攀登悬崖峭壁、绘制巨大岩画所需的大量人力物力，花山岩画的传统逐渐成为绝响。

但是，花山岩画中所展现的勤劳、勇敢、奋斗的骆越民族精神，仍深刻地影响着当今壮族人民。音乐舞蹈诗剧《花山》，就提取花山岩画中的壮族文化内涵，通过远古文明与现代文明的对接，将左江沿江 200 多公里的美丽画卷复活到舞台上。

信　仰

《江格尔》：蒙古人的圣典

蒙古族的《江格尔》，与柯尔克孜族的《玛纳斯》、藏族的《格萨尔》，并称为“三大英雄史诗”。《江格尔》以其丰富的社会、历史、文化内容，以及艺术上所达到的成就，在蒙古族文化史上占有重要地位，是蒙古民族的瑰宝。《江格尔》究竟是一部怎样的英雄史诗？它是如何诞生的，又讲述了什么样的故事？

众说纷纭的诞生年代

关于《江格尔》产生的年代，众说纷纭。已故的苏联科学院院士科津等学者，断定它产生于15世纪；蒙古学者巴·索德那木和捷克斯洛伐克学者帕·帕兀哈认为，它大约从13世纪开始出现，到17世纪时，主要部分业已定型。中国的相关研究者也有不同的见解，有的说它产生于原始社会，流传到明代便基本上定型了。

关于《江格尔》的产生和流传地区，也说法不一。一种观点认为，它最初产生在中国新疆阿尔泰山一带的蒙古族聚居区。近几年在新疆发现的大量材料，似乎证实了这一观点。《江格尔》至今仍在新疆的蒙古族民众中间广为流传。

《江格尔》也曾在苏联的卡尔梅克人中流传。卡尔梅克人，是17世纪初从中国新疆游牧到伏尔加河下游定居的蒙古族卫拉特部的后裔。随着卫拉特人的迁徙，《江格尔》便传播到当时俄国的伏尔加河下游。

降妖伏魔，保卫家乡的英雄礼赞

《江格尔》主要讲述了这样一个故事：江格尔是奔巴地方的首领乌宗·阿拉达尔汗之子，两岁时，他的父母被魔鬼掳去杀害。藏在山洞里的小江格尔被善良的人发现并收养长大。江格尔从小就具有超常的智慧、高尚的品德和高强的武艺。从7岁开始，江格尔就建功立业，兼并了邻近42个部落，被臣民推举为可汗。以江格尔为首领的勇士们，用他们的智慧，不断战胜周围部落的入侵，逐渐建立以奔巴为核心的美好家园。人们在这里过着丰衣足食、相亲相爱的和平生活。但是这引起了江格尔仇敌的嫉恨，江格尔手下的能工巧匠、妇女良马等都成了被掠夺的目标。史诗围绕着抢婚、夺财、强占牧地等，展开了一幅幅惊心动魄的战争画面。

《江格尔》中的故事繁多，归纳起来大致有三大类作品，即结义故事、婚姻故事和征战故事，其中，以征战故事最为常见。

结义故事主要叙述的是英雄们经过战场上的交锋和各种考验，终于结为情同手足的盟誓弟兄的事迹。譬如，在“阿拉谭策吉归顺江格尔之部”中，5岁的小英雄江格尔被大力士西克锡力克俘获后，西克锡力克怕他日后统治天下，企图害死他。可是，西克锡力克的儿子、5岁的洪古尔用自己的生命保护了他。之后，经过连番历险，洪古尔和江格尔结为最亲密的弟兄。

婚姻故事主要是通过江格尔及众英雄娶亲的各种经历，展示他们非凡的本领和高尚的品德。譬如，在“洪古尔的婚事之部”中，洪古尔请求江格尔赐给他一个妻子，江格尔亲自去扎木巴拉可汗那里求婚，要为洪古尔聘娶美貌的参丹格日勒，但洪古尔去迎亲时，参丹格日勒却已和大力士图赫布斯拜了天地。洪古尔盛怒之下，杀死了他们，跨上铁青马驰去。后来，洪古尔跟宝驹一起昏倒在荒野上，是三只黄头天鹅救了他们。之后，海挡住了他的去路，是鲟鱼把他们送到了对岸。江格尔见洪古尔娶亲久无音讯，就出外寻找，在查干兆拉可汗的领土上与洪古尔相遇。原来，可汗的女儿哈林吉腊爱上了洪古尔，正是她变成天鹅、鲟鱼拯救了洪古尔。江格尔为洪古尔聘娶了哈林吉腊公主，一同返回故乡。

征战故事描绘的是以江格尔为首的英雄们降妖伏魔、痛歼掠夺者，保卫家乡宝木巴的辉煌业绩。譬如，在“战胜残暴的芒乃汗之部”中，芒乃汗派使者向江格尔提出五项屈辱性的条件，扬言如不应允便率军进攻。洪古尔单人匹马冲入敌阵，杀敌无数，但因寡不敌众，身负重伤。这时江格尔带领众将赶来助阵，一起斩除了芒乃汗这个不可一世的顽敌。

内容深广，人物众多，在蒙古族文学中首屈一指

蒙古族的英雄史诗有不少，为何《江格尔》能成为蒙古族文学发展史上的一个高峰呢？它在艺术上有何独到之处？

首先，《江格尔》在继承远古中短篇英雄史诗中婚姻和征战两类题材时，又新增了部落联盟的题材，把塑造单个或几个部落首领形象扩大到塑造以江格尔、洪吉尔为代表的部落联盟英雄群体，在

更加广阔的历史背景下反映了蒙古氏族制度瓦解、奴隶制度确立的过程。这样内容深广、人物众多的鸿篇巨制，在整个蒙古族文学史中不多见。

其次，《江格尔》继承、发展了蒙古族古代民间创作的艺术传统，语言优美精炼，想象大胆奇特，擅长夸张、渲染，富于浪漫主义色彩。它还博采民间文学中的各种韵文样式，包括民间歌谣、民间叙事诗、祝词、赞词等，用以增强表现力，达到了民间文学创作的一个高峰。

再次，《江格尔》成功地塑造了许多栩栩如生的人物形象。如描写圣主江格尔，反复叙述他苦难的童年与艰苦的战斗经历，把他描写成深受群众拥戴、顶天立地的英雄人物。英雄洪古尔，史诗说其身上集中了“蒙古人的 99 个优点”，有山鹰般勇敢的精神、有顽强不屈的斗志和对人民的无限忠诚，体现了草原勇士的一切优秀品质。此外还有智多星阿拉坦策基、铁臂勇士萨布尔、雄辩家凯吉拉干等，12 名雄狮似的英雄和 6000 名勇士中，很多人物个性鲜明，堪称一部“草原水浒传”。

面临“人亡歌息”危险，亟待传承保护

《江格尔》从其诞生之日起，便在草原上广为传唱。《江格尔》的说唱是跨欧亚大陆的，有蒙古语，也有突厥语，最初以口头形式在蒙古族卫拉特部中产生，不重复的有 150 多部。卷帙浩繁、规模宏大的《江格尔》，流传至今有多少版本呢？

1950 年商务印书馆出版《洪古尔》一书，这是中国第一次出版《江格尔》部分内容的汉文改写本。1958 年在呼和浩特、1964

年在乌鲁木齐，先后用蒙古文出版了《江格尔传》，其中收有 1910 年以前在俄国出版的 13 部《江格尔》。1978 至 1982 年，在新疆蒙古族聚居区收集到的《江格尔》共有 47 部，长达七八万诗行。其中，先后印成书的共计 32 部。1983 年，人民文学出版社出版了《江格尔》中 15 部的汉文译本。

在国外，19 世纪初，俄国、德国出版了《江格尔》的一部分，马克思曾提到东方诗史，引用的就是德国版《江格尔》。1978 年在莫斯科出版的阿·科契克夫编的《江格尔》，收入了 25 部（包括异文），共约 2.5 万诗行。蒙古国出版的有《史诗江格尔》（1968 年）和《名扬四海的英雄洪古尔》（1978 年）。除蒙古文版本外，在国外还有日、德、俄、乌克兰、白俄罗斯等多种文字的部分译文。20 世纪 60 年代，苏联还以《江格尔》为题材创作演出过话剧、歌舞剧。研究“江格尔”已形成为一门世界性的学科。

随着经济和社会的急剧变迁，《江格尔》的生存、保护和发展遇到了严峻挑战。著名的《江格尔》民间传唱艺人有的已经过世，在世的也都年届高龄，面临着“人亡歌息”的危险。为了传承和保护这部文学巨作，2006 年 5 月，《江格尔》被列入第一批国家级非物质文化遗产名录，新疆有 3 位《江格尔》说唱艺人被确定为国家级传承人。

转世神马

在内蒙古鄂尔多斯市的成吉思汗陵，有一匹具有传奇色彩的白马，被称为“转世白神马”。在每年农历三月二十一日举行的成吉思汗春季查干苏鲁克大祭上，这匹“神马”都会受到人们的顶礼膜拜。

祭祀这天，成吉思汗陵的守护者达尔扈特人将祭天的马奶倒入一个金杯，由成吉思汗黄金家族的成员把它放到“转世白神马”的身上。然后，牵马人让马左右跑动，根据金杯落地时的方向来预卜吉凶。如此反复三次之后，“转世白神马”就完成了这一年中唯一的使命。

其他时候，“神马”待在成吉思汗陵后院的草场中，自由奔跑，由专人放养，不供任何人骑乘、役使。这匹马何以如此尊贵?

据传，这匹“神马”是成吉思汗的白马转世而来，也是成吉思汗陵祭祀中唯一活着的祭品。相传，成吉思汗在世时，从百万骏马中挑选出一匹白色骏马，作为天马神骏“萨尔乐”的化身，以代代转世的形式加以供奉，并且规定：任何人不许骑乘、役使、鞭打和咒骂转世白马。

有关“转世白神马”的记载出现在 17 世纪以后的史籍中，史书上称它为“献给苍天的神驹”。蒙古人则称其为“温都根查干”。

成吉思汗在马背上得天下，因而，被成吉思汗御封的“转世白神马”理所当然受到蒙古人的崇拜。那么，什么样的马才能成为“转世白神马”呢？这中间要经过严格的挑选和认定，是一件非常神圣的事。

首先，必须是公马，眼睛乌黑，毛色纯白闪亮，没有一根杂毛。其次，蹄子漆黑，不能有花道道，尾巴也要浓密而修长。再次，不能生病。此外，还要做好预测，保证若干年后，“转世白神马”的马头、马尾等关键部位不会长出杂毛。

作为“献给苍天的神驹”的化身，每一匹“转世白神马”从出生起就或多或少带有传奇色彩。而为寻找“神马”，达尔扈特人要走很长的路，花费很多时间。

牧民朝伦巴特尔的白马曾被认定为“转世白神马”，他还记得它诞生时的情景：1986年的春季，那天正好是成吉思汗的大祭日，清晨，这匹马驹诞生了。刚生下来，它就挣脱了胎衣，神奇地站了起来。朝伦巴特尔认为这匹马驹是苍天赐给他的礼物，对它很是宠爱。

与此同时，达尔扈特人正在四处寻找“转世白神马”的下落。为此，他们几乎走遍了整个草原。直到有一天，他们见到了朝伦巴特尔的马群，并且认定那匹白色的小马驹就是“转世白神马”的化身。就这样，这匹“神马”被迎请到成吉思汗陵。

在没有被认定为“转世白神马”之前，它的主人或许骑过它，可一旦变成“转世白神马”，就没有人敢去骑它，它也不用戴马鞍。在成吉思汗陵大祭时，人们把得到“转世白神马”的亲吻视为成吉思汗的赐福。在祭祀典礼结束后，人们会排队走到“神马”面前，双手合十、身体前倾，祈求赐福。而极富灵性的“神马”仿佛明白人们的想法，会探出头来，轻轻触碰祭祀者的额头。

如今，在成吉思汗陵旅游景区，还随处可见“不要喂食神马”的告示栏。如果你看到一匹气质高雅、优哉游哉的白马，那就是“转世白神马”了。

伏 藏

2010年，一本类似《达·芬奇密码》的悬疑小说《伏藏》，将“伏藏”这一藏地神秘玄奥的现象呈现于读者视野。将某种宝藏或秘笈藏于一处，留下藏宝图或密码，等待后来的有缘者去发掘——这种在武侠和奇幻小说中常出现的离奇情节，在青藏高原真的存在吗？

《伏藏》，揭开隐秘的一角

以写作《藏獒》而出名的作家杨志军，在2010年推出了另一部藏文化小说《伏藏》。小说中，藏学家香波王子为躲避神秘组织追杀，从北京逃亡到拉萨，从雍和宫追踪到布达拉宫，一路展开了对于西藏历史文化和宗教的探寻。

在这部类似西方《达·芬奇密码》的小说中，身为佛教徒的作者用了“伏藏”这个宗教词汇作为书名。其中，被埋藏的“伏藏”是六世达赖喇嘛仓央嘉措的遗嘱，“掘藏”（找寻“伏藏”）的密码是深受藏族人喜爱的仓央嘉措诗歌，主人公的逃亡过程则是一次“掘藏”之旅、朝圣之旅。

《伏藏》一书，就像拉开了藏传佛教隐秘的一角，其后，以“伏藏”为题目和内容的图书，又出现了不少。那么，什么才是真正的伏藏呢？

伏藏，字面义为“埋伏之宝藏”。伏藏在藏文历史文献以及高僧的传记中均有记载，主要存在于藏传佛教宁玛派（红教）中间，苯教和佛教其他教派也有，但不多。历史上出现过很多伏藏师，都是宁玛派出身。

为什么要把宝藏埋伏起来呢？有一种说法是，公元9世纪初藏王朗达玛灭佛，一些佛教徒为了保护佛教经典免受毁坏，故将其藏起来。但从现在发掘的伏藏物品来看，很多是莲花生大师时期的，甚至有更早的，说明伏藏起源较早。

目前，比较被认可的说法是，公元8世纪，莲花生大师到藏区传扬佛法，发觉当时吐蕃人的素养不足以接受密法，加之当时有些佛法的因缘尚未成熟，为避免佛教经典遭到破坏，故离开藏区前，将很多教法典籍、佛像埋在寺院、山岩、河流等地方，甚至某些人的意识深处，待未来成就者发掘并传播。

不管莲花生大师是否为“伏藏第一人”，伏藏作为一种宗教传统是毋庸置疑的，而且其所伏之宝藏并非世俗意义上的金银财宝，而大多是佛法宝藏，即佛教经典、法器密咒和高僧大德的圣物等。其目的是为了教法的长久兴盛，可于日后无教典时取出，以资传播。

如此看来，小说《伏藏》虽然借用了“伏藏”和“掘藏”的说法，但其以仓央嘉措的遗嘱作为伏藏，以仓央嘉措情诗作为掘藏密码，显然是虚构的“小说家言”了。

伏藏中的真与假

有伏藏，自然有掘藏之人，藏区称这样的人为伏藏师或掘藏师。历史上，出现过不少伏藏师，而有名的伏藏师大多是高僧大德，他们被认为是前生接受过伏藏灌顶的人。仅19世纪编辑的《宝藏典库》中，就提到桑吉喇嘛、邬金林巴、仁增赫日桑哈等100多位伏藏师。

相传，莲花生大师在给弟子们灌顶、传法之后，把各种佛法的修法仪轨传承交付给不同的人，并嘱咐不同的护法神保护这些伏藏。在《莲花生大师本生传》里，记录了莲花生大师的授记，对伏藏种类、掘藏时间、掘藏者的情形和伏藏开启的因缘、时世局面做了预言。

等到伏藏开启的机缘成熟，那些伏藏师会突然得到启示，清晰地记起伏藏品的藏匿地点。这时，他们就能在地下、湖底、岩洞中找到珍贵的经文圣器。大多数伏藏师一生只能得到一次启示，掘到一次伏藏，但也有著名的伏藏师，一生不只开启一次伏藏。

除了实物掘藏，还有一种更神秘的意念掘藏，也称“心伏藏”。相传，莲花生大师不只把佛经藏于不同的地方，还藏在某些人的意识和灵魂深处。当开发伏藏的因缘聚集时，伏藏师会感到头脑中反复出现伏藏内容或受法于莲花生大师的场景，这时一定要把它写成文字，否则就会感到不舒服。

在畅销小说《藏地密码》中，作者就把伏藏这种神奇的现象引入主人公身上。主人公先前和常人无别，但到了接近伏藏的地点，突然顿悟或得到“神谕”，指向某地，让人往下一挖，果然找到了宝藏。

对于伏藏这种神奇的现象，不少人曾试图去解释。西方有学者认为，这是一种“遗传记忆”，即一个人的记忆基因通过遗传的方式代代相传，这部分记忆潜伏在意识深处，直到他的后人有了某种特殊的际遇，才激活这段记忆，指认出伏藏地点或背出经文。按照这一观点，古人已经掌握了让基因携带记忆信息的方法。尽管这一观点受到不少质疑，但谁也不能提供更令人信服的解释。

由于伏藏传统的存在和教徒对伏藏品的膜拜，藏区也出现了不少假伏藏。据西藏民族大学教授孙林介绍，有些假冒伏藏师为了让别人相信他手中已有的经文是传自古代、有法力的，便将其事先埋在某地，然后告知众人，他得到“神灵开示”，将于某处得到某物，于是带人去挖。这样做的目的，是为了确立其教法的传统和经文的神圣性。

但是，真正的伏藏品一般都有特别的标识，如黄卷经函和空行符号等，只有有经验的伏藏大师，才能鉴别真假。

伏藏之于《格萨尔》

作为藏族地区影响深远的史诗，《格萨尔》在传承过程中也受到伏藏传统的深刻影响，出现了不少格萨尔伏藏艺人。

西北民族大学格萨尔研究院副院长坚赞才让介绍，《格萨尔》与伏藏的渊源主要体现在：其一，《格萨尔》史诗的传承艺人，大多是信仰宁玛派的教徒或受过其教义的熏陶；其二，格萨尔伏藏艺人的一些仪轨和发掘过程，都与宁玛派伏藏大师的相似。不同的是，伏藏师发掘的是佛教经典和法器等，而格萨尔伏藏艺人发掘的是《格萨尔》文本，以及格萨尔其人和他的某个大将的衣物或宝器、神像之类的东西。

中国社科院副研究员诺布旺丹介绍，民间认为，格萨尔王在返回天国之前，把很多史诗的片段埋藏在某个地方，伏藏艺人可以找到这个地方，把史诗的文本拿出来，或者通过伏藏的神秘符号得到启示，从而记述或说唱《格萨尔》。

坚赞才让教授曾调查过格萨尔伏藏艺人。这些艺人在掘藏时获得空行经文，根据经文才能撰写《格萨尔》文本。这种经文既像梵文，又像藏文，一般人看不懂。比如青海果洛藏族自治州的艺人格日尖参，他自报能写120部《格萨尔》，现已写完27部。他写《格萨尔》时，要先得到空行经文的符号，这种类似提示性的符号能帮助他打开记忆之门，不用思考就不间断地写出《格萨尔》文本。

前文提及，伏藏中有一种神奇的“心伏藏”，就是把某种经典或咒文藏于某人的意识深处，等待有朝一日意念开启。那么，那些在大病一场或一觉醒来后即能背诵几百万字《格萨尔》史诗、自称在梦中受到“神的旨意”的“神授艺人”，他们的意识深处是否就伏藏了《格萨尔》?

对此，坚赞才让教授认为，宗教上的一些文化现象，不能简单地用“是”或“不是”来回答，但神授艺人的确与伏藏艺人在意识记忆传承方面有共同性。

正是在神奇的伏藏与掘藏过程中，宗教精神和民族文化得以生生不息。

最后的防雹师

看过畅销小说《藏地密码》的读者，或许会对书中介绍的古代西藏的几种神秘职业充满兴趣。其中，用法术来驱逐冰雹的防雹师（又称天气咒师、防雹喇嘛），就像早期的天气预报员一样，不但能将冰雹赶走，甚至能制造冰雹等恶劣天气来打击敌人。

防雹师，真的存在，并且有呼风唤雨的本领吗？

其实，防雹师不仅在古代西藏存在，直至今天，在一些经济比较落后的藏族村庄仍然存在。每年庄稼收割之前，这些村庄就会请防雹师来作法，将冰雹云赶走。如果这年五谷丰登，老百姓就会相信，是防雹师的法术显灵了。

历史悠久的神秘职业

青藏高原是离天最近的地方，但高处不胜寒，这里的村庄经常受到自然灾害的侵袭。尤其是夏季，气候变幻不定，冰雹时有发生。一场突然而至的骤雨冰雹，往往会将农民辛苦劳作大半年的庄稼破坏殆尽。因此，过去，几乎每个藏族村庄在秋收前都会请防雹师来作法，将冰雹云赶走，从而保佑庄稼丰收。

防雹师到底产生于何时，恐怕没人能说得清，但一定有着不短的历史。因为防雹师所掌握的密咒法术主要来源于佛教宁玛派（红教），而“宁玛”在藏语里就是“古”、“旧”的意思。相传，其教理是公元 8 世纪传下来的。至今，宁玛派仍以神秘的宗教仪式而闻名。

藏族导演万玛才旦 2004 年曾执导拍摄了纪录片《最后的防雹师》，记录了在青海一个藏族村庄里，70 多岁的防雹师嘎玛的生活。

嘎玛自述，他从七八岁开始跟法力高强的防雹师学习有关防雹的知识。在一本古老的《防雹秘笈》里，对云层的形状、颜色及走向都有详细的描述。他一方面要对书上记载的防雹知识了然于胸，一方面还要刻苦修行，以获得更高的法力。

以描写藏文化而闻名的作家马丽华，在她的著作《灵魂像风》中，这样描述防雹师：“天气咒师一般具有一定天赋、有某些特异功能，后天再学一些天文气象知识和藏密气功。”

马丽华在西藏扎囊县考察时，听到了很多关于防雹师的传奇故事。比如，每逢夏季，防雹师各自承包一条山沟或某村农田，施展法术。东面的防雹师把雹云往西赶，西面的防雹师把雹云往东赶，结果是，法力小者，冰雹就下在他负责的地块中；若是功力相当，冰雹就下在两块田地交界的田垄上或水渠里。

更神的一则故事是：从前有位极具神通的防雹师要过世了，全村人都痛哭。防雹师劝大家不要难过，说死后把他的手臂砍下来，仍可保庄稼免遭雹灾。村里人在他死后砍下他的右小臂，放置于房顶。此后每当冰雹来临之际，那只干枯了的手便抖动着自行从房顶落下，继任的防雹师捡起它，指向雹云，并将云引向山谷深处。

此类传说或许有夸张之处，但防雹师在夏季是藏族乡村的核心人物，是百姓所仰仗的权威，却是事实。

同样防雹，仪式不同

尽管都是为了防雹，但在不同的村庄，防雹师驱除冰雹的仪式却不尽相同。

在《最后的防雹师》中，嘎玛在举行防雹仪式时，在东南西北4个方位各插上一种木牌（藏语称“江布”）或施过法的稻草人，上面写有神魔的名字和针对它们施法的经文。嘎玛身佩刻有防雹咒语的宝剑，迎着乌云，祈求有关神灵的帮助，并向恶魔挥舞宝剑，念咒施法。

从秋收前到最后一根青稞收割完毕，嘎玛随时警戒，施行法术。村里还挑选吉日，进行为期7天的防雹法会，喇嘛们对防雹咒语图案进行法力加持。

在纪录片《西藏一年》中，身为家中第六代防雹喇嘛的次旦法师，因为村中人工防雹技术的使用而失业了。但他很乐于向摄制组演示他作法的过程。他说，驱逐冰雹前，他要闭关修行3个月，以增强法力。此后整个夏季，他每周五做一次法事，直至秋收结束。

次旦法师在作法时头戴紫红色的尖顶帽，并准备了杵、橛、擦擦（泥塑的浮雕佛像）、白色海螺等法器，以及一件袈裟。他用“天机不可泄露”的某种仪式来改变乌云的走向，避免它们汇集一处。如果乌云已连成一片，他就择机吹响海螺，以求护法神的帮助，但海螺只在关键时刻用，而且最多只能吹5次。如果天气继续恶化，最后的办法就是挥动袈裟，再不行就把袈裟抛向天空。

西藏民族大学的孙林教授曾到西藏扎囊县桑玉村走访一位叫贡久坚赞的防雹师。贡久坚赞介绍，他作法前，先用面粉做一公一母4对青蛙的造型，蛙背上还画上一些咒符。作法时，就把这4对青蛙放在东南西北4个方位。贡久坚赞观察天象，看哪个方位有雹云，就对着那个方位的青蛙念咒语，直到雹云被限制在那个方位不动。在法事的前后过程中，都禁止女性观看和参与。

孙林教授解释，当地人认为，雹云的形成和水有关系，而青蛙是生活在水中的，属于鲁神（以前译作龙神）。正是鲁神作怪，导致冰雹降临，故举行防雹仪式时要做出青蛙之状的面塑。此外，防雹师作法时还会用到活佛的前手臂骨、油菜籽等物。

贡久坚赞作法后，孙林走访了当地百姓，人们都认为防雹师的法术显灵了，因为雹云被限制在原来的方位，再也没向村子里飘过来。而出于感激的人们，每家每户都会按惯例拿出粮食送给贡久坚赞，作为报酬。

高射炮逐步取代防雹法术

随着科技的普及，防雹法术再也不是藏族村庄防雹的唯一手段。在经济较为发达的藏族地区，政府为冰雹多发的乡镇购置了高射炮，一枚带有碘化银和制冷剂的弹头射入云层，立刻会化云为雨，将有可能发生的雹灾销于无形。

《西藏一年》中，次旦法师正是因为人工防雹技术的运用，而使自家传了六代的防雹法术没了用武之地，从而也失去了一笔重要的经济收入。而《最后的防雹师》中，嘎吗的儿子仁贝也因为更相信科技的力量，不肯接过父亲的衣钵。

现在，越来越多的藏族村庄在田间架起了高射炮，一些农民被培训成炮手。关键时刻，一枚炮弹发上去，操作方便，效果立现。因此，越来越多的人相信人工防雹比法术更管用。

“青藏高原上，自然环境恶劣，令人生畏，人们只能靠信奉种种神灵。防雹师的出现，也是没有办法的办法。”孙林教授认为，防雹师代代相传，确实积累了一些天象知识，但冰雹不降是否就是法术显灵，则很难说。

尽管嘎玛和次旦这样的防雹师仍然坚信传统的力量，但无可避免的是，科技会越来越占上风，防雹师正渐渐地退出历史的舞台。

《玛纳斯》&“当代荷马”

“荒滩变成了湖泊，湖泊变成了桑田，山丘变成了沟壑，冰川变成了河湾。一切的一切都在变幻，祖先留下的故事代代相传……”

这是一部传唱了千年的史诗，每一个柯尔克孜族人都知道它的名字——《玛纳斯》。没有文字，没有曲谱，千百年来，这部英雄史诗穿越帕米尔高原的白云与草场，在柯尔克孜族人的歌声中代代相传。其中，大玛纳斯奇居素普·玛玛依演唱的《玛纳斯》，拥有8部18册23万行的宏大篇章，是世界上情节最完整、内容最丰富、结构最优美的唱本。

《玛纳斯》改变了居素普·玛玛依的人生，而居素普·玛玛依则改变了《玛纳斯》的命运。正是《玛纳斯》史诗口头传统与居素普·玛玛依独特口头艺术的完美融合，赋予了《玛纳斯》新的生命。

《玛纳斯》，比《荷马史诗》长十几倍

1917年出生在新疆克孜勒苏柯尔克孜自治州阿合奇县的居素普·玛玛依，是大玛纳斯奇（玛纳斯奇是《玛纳斯》民间歌手中

的佼佼者，大玛纳斯奇是对卓越玛纳斯奇的敬称）。他演唱的史诗《玛纳斯》，讲述了柯尔克孜族英雄玛纳斯家族八代人领导柯尔克孜人反抗卡勒玛克人（蒙古部落）统治的故事。

作为柯尔克孜族史诗，《玛纳斯》主要流传于我国新疆南部的克孜勒苏柯尔克孜自治州以及新疆北部特克斯草原、塔城等柯尔克孜人聚集的地域。在中亚，吉尔吉斯斯坦、哈萨克斯坦及阿富汗北部地区也有传唱。

由于依靠口头流传，《玛纳斯》在国内有 70 多种变体，国外有 80 多种，唱本的长短、行数都不一样。据新疆师范大学人文学院教授曼拜特·吐尔地研究，居素甫·玛玛依的唱本有 23 万多行，而吉尔吉斯斯坦的玛纳斯奇萨恩巴依·奥若孜巴克演唱的《玛纳斯》的第一部就有 19 万行，萨亚克巴依·卡热拉耶夫演唱的《玛纳斯》3 部有 50 万余行。

相较而言，居素甫·玛玛依的唱本是世界上情节最完整、内容最丰富、结构最优美的唱本。他演唱的史诗《玛纳斯》共有 8 部，每部都以该部主人公的名字命名，包括《玛纳斯》《赛麦台依》《赛麦台克》《凯乃木》《赛依特》《阿色勒巴恰和别克巴恰》《索木碧莱克》《奇格台依》。以长度来算，居素甫·玛玛依演唱的史诗《玛纳斯》比《伊利亚特》（15693 行）多 14 倍，比《奥德赛》（12110 行）多 18 倍。两千年前，荷马的出现使希腊史诗《伊利亚特》与《奥德赛》得以存留下来；两千年后，居素甫·玛玛依的出现，使柯尔克孜族史诗《玛纳斯》得以发扬光大。

《玛纳斯》凝聚着柯尔克孜族的精神力量。它从柯尔克孜族古老的史诗与丰厚的民间文学中吸取营养，包括了神话、传说、习俗歌、民间叙事诗与民间谚语，是柯尔克孜民族民间文化的百科全书，具有文学、历史、语言、民俗等多学科的价值。

关于史诗《玛纳斯》的产生时间，吉尔吉斯斯坦学者普遍认为，其产生于10世纪前后。而我国学者研究认为，《玛纳斯》反映的应该是从13世纪初铁木真灭西辽末主耶律直鲁古、侵入柯尔克孜地区开始，直到元朝统一这一时期所发生的事件。那时，正是柯尔克孜部与卡尔梅克蒙古部落（史诗中的“卡勒玛克部”）和西辽（史诗中的“克塔依部”）发生激烈战争的年代。作为史诗的《玛纳斯》，最初只是有关战争场面的一个个短小的说唱故事，在那些参战的军人中流传，后来逐步流传到民间，经过几个世纪的不断加工、补充，到16世纪前后，基本形成现在的叙事框架。

“当代荷马”的“神授”技艺

相传，史诗《玛纳斯》会自己挑选能吟诵它的人，玛纳斯奇往往大梦一场后，就获得了吟诵数十万行史诗的能力。因此，很多玛纳斯奇都会说“那是梦的安排”。居素甫·玛玛依也深信，自己的史诗演唱才能来自少年时代的一个梦。

他说，小时候曾做了一个梦，梦中出现了5个骑马的人。他走到最后一个人面前，那人告诉他，走在最前面的是英雄玛纳斯。居素甫·玛玛依从梦中醒来，获得了玛纳斯奇的能力。为了这个梦，家里人宰了羊羔。父亲说，作为玛纳斯奇，必须遵循这样的要求：40岁以前不能演唱《玛纳斯》，40岁以后才能演唱。

“一个人整天痴迷于一件事情，现实中的所思所想总会在梦中出现。”居素甫·玛玛依曾这样解释。其实，天资聪颖、记忆力超群的居素普·玛玛依从小就在家人影响下，投入《玛纳斯》的学习之中。

居素普·玛玛依生长在一个民间文艺之家，父亲酷爱《玛纳斯》，母亲是当地有名的民歌手。居素甫·玛玛依的哥哥巴勒瓦依·玛玛依是个爱好民间文学的商人，足迹遍及新疆各地及中亚地区。他一边做生意，一边广泛搜集《玛纳斯》史诗及柯尔克孜族民间文学。他先根据著名的玛纳斯奇居素甫阿洪·阿帕依口述，记录下《玛纳斯》史诗的前三部内容，后又根据额不拉音·阿昆别克口述，记录下史诗的后五部内容。居素甫·玛玛依在哥哥的指导下，把8部史诗全部藏在了自己的脑海中。

居素普·玛玛依演唱的《玛纳斯》，不仅继承了传统，还加进了自己的创作，融入了他的人生经验与思考，具有独特的艺术魅力。史诗中数百个人物、各种事件在他的脑海里梳理得清清楚楚，再经过自己的加工，创造出独特的演唱变体。

22岁那年，居素甫·玛玛依第一次受邀在婚礼上演唱《玛纳斯》。他忘记了父亲让他在40岁之前不能演唱史诗的禁令，在众人面前滔滔不绝地唱了四天三夜。自此，人们永远记住了这位史诗演唱天才的名字。

“国宝”与“非遗”

长期以来，史诗《玛纳斯》在民间流传，进入政府工作视野，是新中国成立以后的事。1961年，中央民族学院（今中央民族大学）、新疆文联、新疆文学研究所和克孜勒苏州州委联合成立了《玛纳斯》工作组，由中央民族学院教师胡振华负责相关工作。在一次搜集走访中，胡振华结识了居素甫·玛玛依。

在见到居素甫·玛玛依之前，胡振华接触了70多位玛纳斯奇，但他们大部分只会演唱史诗的前三部。居素甫·玛玛依和工作组成员待了半年多，他先后演唱了《玛纳斯》、《赛麦台依》、《赛麦台克》、《凯乃木》、《赛依特》5部《玛纳斯》史诗，共96800行。1964年，居素甫·玛玛依校对了之前唱的前五部，又补唱了第六部《阿色勒巴恰和别克巴恰》。

正当我国的《玛纳斯》研究蹒跚起步时，“文革”来袭，《玛纳斯》研究工作被迫中断，记录文稿与翻译稿不幸损毁。1978年11月，中国民间文艺家协会把年过六旬的居素甫·玛玛依从新疆接到北京演唱《玛纳斯》。他说：“我的有生之年到了用指头来数的日子，为了民族，为了国家，我要用生命继续唱下去，直至唱出完整的《玛纳斯》。”在北京期间，居素甫·玛玛依受到了胡耀邦、赛福鼎、包尔汉等国家领导人的接见，并被他们称为“国宝”。

一年后，过惯了草原生活的居素甫·玛玛依回到新疆，继续唱《玛纳斯》。他唱到激烈处时昼夜不停，负责记录的工作人员不得不轮流值班。1983年3月20日，居素甫·玛玛依终于唱完了全部史诗。他把帽子摘下来抛向天空，狂喜地抱起小孙女举过头顶。

1995年，8部共18卷柯尔克孜文版的《玛纳斯》全部出版。至此，居素甫·玛玛依的心愿终于达成——用文字的形式将《玛纳斯》传承下去。

居素甫·玛玛依不仅被中国视为“国宝”，在国际上也享有崇高的地位。1995年，吉尔吉斯斯坦举办“庆祝玛纳斯1000周年”活动，居素甫受到最高礼遇，与各国总统一起在主席台前排就座。会上，吉尔吉斯斯坦总统授予他该国最高荣誉“人民演员”称号。

2014年6月1日，居素甫·玛玛依归真。生前，他常说，没有

《玛纳斯》，就没有居素普·玛玛依。而实际上，没有居素普·玛玛依，就没有今天的《玛纳斯》。正是他用一生的坚持，让这部口口相传的柯尔克孜族英雄史诗有了文字和音像资料，进而推动这部史诗在信息时代流传。2009 年，《玛纳斯》入选“人类非物质文化遗产代表作名录”。

近年来，从中央到地方的相关部门对《玛纳斯》保护与传承工作高度重视。克孜勒苏柯尔克孜自治州组织起草、审议《〈玛纳斯〉保护条例》，连续多年举办玛纳斯国际文化旅游节、《玛纳斯》演唱会及研讨会，推动《玛纳斯》进校园。克孜勒苏州现有 100 多名玛纳斯奇，其中以年轻人居多，一支结构合理的传承梯队已然形成。

白驼载来的圣典

在中国唯一的撒拉族自治县——青海省循化县境内，珍藏着一部撒拉族乃至所有信仰伊斯兰教的民族视为珍宝的圣典——一部古老而完整的手抄本《古兰经》。这不但是中国境内发现的最古老的《古兰经》手抄本，而且在世界上也极为罕见。这部神秘古老的《古兰经》是从何而来，由何人保存，在其流传过程中又经历了怎样的波折呢？

一个古老而美丽的传说

关于《古兰经》，撒拉族至今流传着一个古老而美丽的传说——

在700多年前的中亚撒马尔罕，有尕勒莽、阿合莽两兄弟，他俩在伊斯兰教门中很有威望，因而遭到当地国王的忌恨和迫害，他们遂率领了同族18人，牵了一匹白骆驼，驮着故乡的水、土和一部《古兰经》，离开撒马尔罕，向东方寻找新的乐土。

当他们进入今青海循化县境内的乌土斯山时，天黑了，苍茫中骆驼走失了，他们便点起火把在山坡寻找。

他们找啊找，直到第二天黎明，他们才在今循化县街子东面的沙子坡看见一片土地平缓、清流纵横的地方，一眼泉水缓缓流淌，那峰走失的骆驼已化为白石卧在水中。众人试量了泉水周围的水、土，竟然与从故乡带来的水、土一样，大家便决定在此定居下来。

据说，这就是中国境内的撒拉族先民的起源。而流传至今的《古兰经》，就是当初他们从中亚带来的，而这部圣典也成为了撒拉族历史的见证。

传说一般是以事实为基础的，但其中难免有虚构成分。一直以来，专家学者们都在研究，努力还原历史上撒拉族和《古兰经》的更多真实细节，比如：当初尕勒莽、阿合莽为什么离开家乡？他们是不是从撒马尔罕出发的？他们何时到达青海，其路线是怎样的？

有的说，撒拉族先民不堪忍受部落内部无休止的争斗，才在尕勒莽、阿合莽的带领下离开家乡。两位首领认为，避免战争是为了遵循伊斯兰教规。

但越来越多的学者认为，撒拉族先民东迁与蒙古族西征的政治背景相关。当蒙古大军的铁骑征服了中亚很多地方后，便签发当地信仰伊斯兰教的人民组成“西域亲军”，调发到东方来，用以对西夏和南宋作战。撒拉族先民成部落地集体东迁，应该是被蒙古贵族强力东迁的众多穆斯林中的一个支队。

民族学者芈一之先生还研究了13世纪上半叶蒙古军的重大军事行动和行军路线，认为撒拉族先民正是元朝初年“西域亲军”中一支由170户组成的军队，所以他们东迁的路线并不是径直进入循化，而是从肃州走宁夏，再到天水，折而西返到临洮、夏河，再进入循化驻屯，如此这般绕了一个千里之遥的大弯子，正是服从军事安排。

目前，学术界已基本达成共识，认为撒拉族源于西突厥乌古斯部的撒鲁尔人，原本是我国唐代少数民族西突厥的一个支系，游牧在伊犁河一带，信仰伊斯兰教。撒拉族东迁并不是一次性完成的，而是分几次，至少是两次。撒拉族先民定居循化后，与当地藏、回等民族通婚繁衍，最终形成新的民族——撒拉族，至今已有 700 多年历史了。

但是，对于撒拉族先民的出发地，至今仍有争论。传统说法是从撒马尔罕出发，但也有学者认为是从现属土库曼斯坦的马雷州撒尔赫斯地区出发，途经撒马尔罕。

《古兰经》历经沧桑变迁

在循化县街子三兰巴海村，与青海第二大清真寺——街子清真寺遥相对望，伫立着撒拉族民俗博物馆。珍贵的《古兰经》目前就保存在这里。由于是珍稀文物，平时人们难得一见。

这部《古兰经》分上下两部，每部 15 卷，合计 30 卷。纸张页面大小为 43 厘米 ×32.5 厘米，版心为 29.2 厘米 ×22.5 厘米，分上下两函装在印有精美图案的犀牛皮函里。函内每册封面为天蓝色丝绸装裱。

从《古兰经》字体来看，工整圆润，笔锋流畅，书体规范，校勘精细，具有早期阿拉伯书法木哈盖体的风格。木哈盖体形成于阿巴斯王朝布韦希时代，即公元 11 世纪。据此，该经的书写时间可追溯至公元 11 世纪，因此这部《古兰经》距今已有八九百年的历史了。

文物专家表示，撒拉族珍藏的《古兰经》，除了年代久远，另一珍贵之处在于它源于阿拉伯国家，而目前中国很多知名的手抄本《古兰经》是由中国穆斯林抄写的。

历史上，这部经典归当地世袭的伊斯兰教“尕最”（也称总掌教）保存。清乾隆年间，这部《古兰经》的保存引起了官府的重视，每隔三五年兰州府或西宁厅官府都要检查一次，每次检查后都要在其扉页上盖上印章。如今，《古兰经》扉页上密密麻麻的印章更加彰显着它的珍贵和其负载的历史沧桑。

清光绪二十二年（1896年），“尕最”制度虽被取消，但《古兰经》仍保存在“尕最”后裔手中。

据说，废除“尕最”制度后，甘肃临夏的马安良仗势夺走《古兰经》。但马安良在返回临夏途中，突然狂风不止，雷雨交加，天昏地暗，使他无法翻越达里加山，只得返回循化将《古兰经》还给撒拉人。后来，青海军阀马步芳又将这部《古兰经》夺走，将其置于“回族教育促进会”。解放后，党和人民政府将《古兰经》归还给循化，照旧保存在“尕最”后代家中。

1954年，这部《古兰经》被送往叙利亚参加国际展览会，在伊斯兰世界产生很大反响，各国媒体盛赞这是“今世少有的珍本”。《人民日报》也曾撰文称：“这种年代久远版本珍贵的《古兰经》，世界上仅存三部。”

保护圣典

1958年，宗教制度改革时曾出现焚烧经典等“左”的错误，循化地区也不例外。为使这部经典免遭厄运，当时在循化的撒拉族社会历史调查组，建议将这部《古兰经》送往北京的民族文化宫加以保护。

“文革”结束后，在西宁召开的《撒拉族简史》初稿讨论会上，撒拉族人民表达了寻回《古兰经》的愿望，并呼吁有关部门协助查找。经过努力，终于在北京民族文化宫地下藏书室找到这部《古兰经》。1982 年，循化县政府派专人去北京接收《古兰经》并将其存放在街子清真大寺。

二十多年间，街子清真大寺的寺管委会成员，都以守护《古兰经》为荣。但是，由于保存设施落后，管理技术不高，加之年代久远，这部《古兰经》风化非常严重，经书的纸质已变黄发脆，有的书页起毛破损，很多地方的字迹已经模糊不清。

这一情况，引起了有关方面的高度重视。中央领导对《古兰经》做出了“实行就地保护”的批示。2007 年，国家投入资金并组织国内纸质文物修复专家对其进行了修复。专家们采用传统与现代技术相结合的方式对《古兰经》进行了清洗、消毒杀虫、灭菌、修补、加固，延长了文物的寿命。修复完成后，文物部门还为《古兰经》定做了恒温恒湿、无紫外线和有害气体的储存柜。

如今，古老的圣典已入选中国《国家珍贵古籍名录》，是名副其实的“国宝”。它从街子清真寺移到撒拉族民俗博物馆，得到更为妥善的保护。圣典、清真寺与撒拉族人心中的“圣泉”骆驼泉相互守望，与撒拉族先民首领尕勒莽、阿合莽的陵墓，共同见证了撒拉族的沧桑历史，成为黄河谷地一道神奇壮丽的风景线。

纳西人的精神家园

在北京民族文化宫博物馆，珍藏着一幅纳西族布本彩绘《神路图》，这是云南丽江纳西族东巴教用于丧葬和超度亡灵仪式的一种长卷。在长达 11 米的白棉布上，描绘了鬼怪、神灵、东巴祭司、动物等 400 多个姿态各异的形象。在东方，人从卵中孵出；在南方，人由妇女分娩；在西方，神在花中再生；在北方，神从树上降临，来到人间之后可以得到东巴教的庇护；历尽艰辛的亡灵，在五行方城内终于转生为人……《神路图》生动地展现了人死后其亡灵在鬼界经过百般磨难转世为人，在东巴祭司的引导下来到神界的过程。

被誉为“古今宗教绘画第一长卷”的《神路图》，不仅展示了古代纳西族人信仰的神灵鬼怪和各种理想世界，也反映了纳西族社会的各种世俗生活，为人们认识古老的东巴文化开启了一扇门。

《神路图》，东巴教与东巴文化的集大成者

纳西族是一个古老的民族，其祖先是游牧在中国西北方的古羌人的一支，约在公元 3 世纪左右迁徙到云南丽江定居。经历了艰辛

迁徙的纳西族先民，在长期与自然抗争和其他民族的相互适应中建立了自己的世界观，产生了自己的原始宗教——东巴教。

东巴教信仰万物有灵、灵魂不死，以祖先崇拜、鬼神崇拜、自然崇拜为基本内容，以祭天、丧葬仪式、驱鬼、禳灾和卜卦等活动为主要表现形式。

东巴教的祭司叫“东巴”，意为智者。东巴不仅是职业宗教者，而且知识渊博，具备天文、地理、农牧、医药、礼仪等知识，拥有很高的社会地位。此外，东巴还是纳西族民间绘画艺术家。东巴在做仪式时，要画出各种各样的神灵、人物、动植物以及妖魔鬼怪的形象。东巴画出的各种服务于宗教活动的绘画，统称为东巴画，其中，以《神路图》最为有名。

《神路图》，纳西语称为“亨日皮”，意为东巴为死者指点前往神界之路，一般用于出殡仪式上。东巴在铺展开的《神路图》旁咏诵《神路图经》，为死者评断路径，引导亡灵穿越鬼地，摆脱恶鬼的种种折磨，回到“祖先之地”。而“祖先之地”，就是纳西族信仰意识中的死后生命空间。

《神路图》所描绘的送魂路线十分详细，包括九座黑山、鬼界、人界、神界 4 部分。东巴教认为，人生在世时，不规范的行为或杀生可能导致“冷臭”鬼的产生。因此，人死后经过九座黑山和九条黑河时，各种手持“多马”面偶和凶器的“冷臭”鬼会阻拦亡灵前行。在鬼界，不同的亡魂根据生前所犯的制造箭镞、过度狩猎、通奸、赌博、偷盗等罪行，分别受到刺树、黑锅、黑牢、黑门等相应的惩罚。历经重重磨难的亡灵，在地狱中还清了生前所欠的债后，被 9 位“麻于吉姆”神从苦海中救出，通过一座由木、火、土、铁、水五行构成的“尼瓦哉古”方城，转生为人。人界是一个连接着地狱与天堂的地带，充满温馨，那里有13轮月亮、13盏神灯、13朵鲜花等。在这里，神人把亡灵引进再生之地，向神界飞升。神界是神之领域，也是东巴教教主丁巴什罗的重要栖身之地。至此，亡魂终于成为祖先集团中的一员，寻得归宿地，或是投胎转世重新做人。

古朴的《神路图》，不仅是纳西人古老的宗教东巴教的体现，也闪烁着多种宗教文化融合的因子。比如，描绘鬼界的惩罚亡灵之刑，既有纳西族多元的传统伦理思想和民间习俗的反映，又与体现汉族幽冥观念的“十八层地狱”、“十殿阎王”及藏传佛教《六道轮回图》所描述的内容有诸多相似之处。而人界的13朵花、13个神石、13棵神树等及天界的许多神灵，都与藏族的苯教有密切的渊源。此外，《神路图》中还有印度婆罗门教的神灵形象，如长着33颗头的白象，以及建有33座神房的神界。东巴教接受了佛教“三界六道”说的一些观念，但这些观念并未取代纳西族传统的生命归宿观，而是形成了一种传统与外来文化因素并存于丧葬文化中的现象。

东巴文，承载东巴文化走进现代生活

作为东巴文化的主要传承人，东巴还使“目前世界上唯一活着的象形文字”东巴文得以流传。东巴用本地土产的布匹或纸张书写的东巴经书，被岁月染成古铜色。满纸关于日月山川、鸟兽鱼虫的述说，记录着洪荒太古之美。

东巴文大约产生于公元11世纪以前，从文字形态的角度看，它比甲骨文还要原始，属于文字起源的早期形态。这种文字最早是写画在木头和石头上的符号图象，造纸术发明后，这些符号图象被写在纸上。由于东巴才有资格学习掌握这种文字，故称“东巴文”。

东巴文，纳西语称“斯究鲁究”，意为“木石标记”或“见木画木，见石画石”。这种原始的象形文字，目前已知符号大约有1400个，每一个图像符号都有固定所指的概念。用东巴文书写的经书，主要由东巴在作道场时朗诵使用。

东巴经卷帙浩繁，留存至今的东巴经书和文献多达1500余种，共两万多册，其中属东巴经典的超过1000部，大致可分为祭天、祭龙、祭神、祭祖、驱鬼、解禳消灾、祭风、占卜、道场规矩、零杂经等十大类。这些经书广涉天文地理、宗教哲学、神话传说、民俗民风，被称为古代纳西族的“大百科全书”。其中，就包括纳西族著名的三大史诗：创世史诗《崇搬图》、战争史诗《黑白争战》和爱情史诗《鲁摆鲁饶》。

东巴文在世界范围内引起重视，是在二战之后。20世纪20年代初，美籍奥地利学者洛克应美国农业部之聘，前往泰国、缅甸等国寻找药用植物，却意外地在玉龙山下接触到了纳西族和东巴文化。他把纳西族文化的珍宝《东巴经》，带到了意大利。二战结束后，西柏林国立图书馆花重金从意大利东方研究所购得这部“东方奇书”，并由此吸引了国际学者对东巴文以及东巴文化的关注。

在我国，社会各界对东巴文化的保护日益重视。以百卷《纳西东巴古籍译注全集》的出版为代表，东巴文化研究取得了丰硕成果。2003年，东巴古籍列入世界记忆遗产名录。随后，纳西族东巴画、纳西族东巴造纸技艺等列入我国国家级非物质文化遗产名录。在社会生活中，古老的东巴正以昂扬的姿态不断融入现代，展现出蓬勃的生命力。

苗族天下独一庙

被称为“苗族天下独一庙”的贵州榕江苗王庙，看上去规模还不及中原一座普通寺庙。然而，苗王庙在海内外都有一定影响。

独一无二的苗王庙

在贵州黔东南苗族侗族自治州榕江县城，有一座在我国乃至世界上绝无仅有的苗王庙，被誉为“苗族天下独一庙”。

苗王庙中，有苗王塑像：身长七尺，赤足芒鞋，头缠包帕，着左衽服，手持长竹烟杆，双目炯炯。每当逢年过节，附近的苗族乡亲都到这里上供烟叶，焚香烧纸，厚祭苗王。不仅如此，有些在东南亚国家的苗族人也到此来寻根祭祖。

尽管在国内外都有一定声名，但关于苗王庙的史载寥寥无几。多年来，人们研究苗王庙依靠的仅是成书于 1943 年、由时任榕江国立师范学校推广处主任李绍良（江苏人）所著的《榕江县乡土教材》：

> 县城之西山坡上有苗王庙，建立之时期不可考。庙中

> 有苗王塑像，身长约七尺，身着苗服，赤足芒鞋，眼大神威，香火颇盛。全县人民，都馨香而礼拜之。破除迷信之说盛行后，所有县城之城隍庙、土地祠神像神位，均被打毁。而苗王庙及庙中之苗王塑像，迄今巍然独存，盖以深得人民信仰与尊崇之故也。据本地人传说，苗王自称老苗，名不可考。在上古高阳高辛时代（注：约在纪元前4400 年）因鉴于中原之洪水四溢，将成大灾，遂率童男童女百人，由北岭之高峰，驾云南飞，降落于苗岭山上，以避洪水之灾。其所带之苗裔繁衍于山中而得名也。老苗来到以后，蓄意经营，将中原带来之文化，逐一教导其子孙……苗王为苗人南迁之始祖，苗人俱崇拜之，故立为祠庙，以尊崇仰。

根据这条记载，传说中自称“老苗”的苗王是苗族人从中原迁徙到南方的始祖，并且有教化百姓之功。

榕江旧称古州，当地苗族人称古州为“嘎良”，称最早进入古州的人为“良公”。因此，很多人认为，榕江苗王庙里供奉的苗王就是这位“良公”。果真如此吗？

苗族古歌中透露的信息

曾任榕江县委宣传部长的朱法智老人是一名文史爱好者。多年来，他考察苗族文化，足迹遍及榕江和从江若干苗寨。2001 年底，他和龙安吉、周年荣、平立滨等一行 4 人，曾到距离榕江县城十余里的高岜苗寨采风。

高岜苗寨是最早进入古州的苗族的居住地，保存着大量苗族古歌。由于苗族的诸多文化历史内容靠口传的古歌来传承，因此苗族古歌堪称“苗族的百科全书”，承载着一个民族的心灵记忆。

在这些古歌中，朱法智等人发现，其中有一首叙述了苗族古代从东方西迁入古州的悲壮历程，脉络清晰，层次分明。当时，年近七旬的苗族老人龙安昌演唱并翻译道：

古时候我们祖先住在远方，在那宽阔富饶的平原，在那美丽的地方，故尤（“故”即“公”，“尤”即“蚩尤”）他老人家，他有九万个子孙，七万住在宽宽的平原，在那美丽的东方……（后因战乱而西迁）沿着河水（都柳江）而上来，来到哪个寨子？来到肥沃的平地方（今榕江古州城区和车江大坝），住在东方的天鹅坝（今车江大坝中部以北一带，当时天鹅很多）……这地方产量很高，出产五谷都满产，摘一蔸禾已满手，堆千把禾已满仓，舂十把禾得一斗。多年来发人满寨子，七万住在天鹅坝……他们建了一座大寨罗（苗语译音，意即“祖庙”），把寨罗立在坝子的下边，雕个木像记老人，以备子孙莫忘老人相，纪念故尤千万年……

整首古歌译成汉语有 200 行，叙述了苗族西迁的原因和过程以及进入古州后因土地肥沃而人丁兴旺、五谷丰登的景象。后来，苗族因人口发展等原因，才分成数支迁往黔东南的各县及外地，而其中“宁公”一支，就住在现在的高岜苗寨。

朱法智认为，这首古歌透露了两大信息，即苗王庙的建庙时间和苗王的身份。

关于苗王身份，古歌中说得很明白：故尤，即蚩尤。关于建庙时间，应是在苗族进入天鹅坝后，至苗族分成数支迁出古州之前。从黔东南苗族人口较多的几个县的县志中可知，苗族各支系从古州分开进入各县的时间，距今至少一千七八百年，由此推论，苗王庙最迟在西晋就建立了。

有人质疑，认为苗族有很多“尤公”，不足以证明古歌里指的就是蚩尤。但朱法智认为，古歌里约定俗成地提到“故尤”就是指蚩尤，而且说他有“九万个子孙”。除了蚩尤，又有谁有如此多的后人？

蚩尤与苗族

蚩尤是与炎帝、黄帝并列的中华民族三大始祖之一。传说五六千年前，当时在黄河下游和长江中下游一带，出现了以蚩尤为首的九黎部落联盟，而在甘陕黄土高原上形成了以炎帝神农氏和黄帝轩辕氏为首的两大部落集团。炎帝与黄帝联合战败了蚩尤，蚩尤的九黎集团战败后大部分向南流徙，后来发展为西南的少数民族。

苗族人始终信奉蚩尤为其始祖，至今在苗族中还广泛流传着蚩尤的传说。如贵州关岭一带流传的《蚩尤神话》说，远古时苗族居住在黄河边上，共 81 寨，他们的首领叫蚩尤。蚩尤除掉了危害苗民的垂耳妖婆，使百姓过上安居乐业的生活。后来妖婆的 3 个妖娃请来了赤龙公和黄龙公（即赤帝和黄帝）复仇，蚩尤率领苗族人英勇作战，多次打败赤龙和黄龙二公。赤龙、黄龙二公联合起雷老五（即雷公），水淹苗兵，擒杀了蚩尤，焚毁了 81 寨。剩下来的苗族子民被迫远走他乡。

榕江的苗族古歌再次印证了蚩尤乃苗族始祖的传说，而苗王庙里供奉的木刻祖像，不是他人，正是蚩尤。汉族进入古州以后，认为苗王庙可护佑一方平安，同时感谢苗族最先来开发了这片土地，因此也将苗王庙视为“祖庙”加以保护。苗王庙曾多次被官方强令拆毁，每次都是当地汉族居民奋力保护、维修或重建，这更显难能可贵。

据说，新中国成立前，苗王庙下有一块规模很大的芦笙坪，每逢盛大节日，附近的苗族同胞都来这里吹芦笙、祭苗王。“文革”后，损毁的苗王庙虽然得到修复，但其规模已远不如前了。

苗族史诗《亚鲁王》

2012年2月21日，由中国民间文艺家协会主办的苗族英雄史诗《亚鲁王》出版成果发布会在人民大会堂举行，这标志着这部堪与藏族《格萨尔》、蒙古族《江格尔》、柯尔克孜族《玛纳斯》相媲美的口传史诗，有了书面存录。《亚鲁王》的发现和出版，改写了苗族没有长篇英雄史诗的历史，是当代中国口头文学遗产抢救的重大成果。

被遗忘的《亚鲁王》

在史诗《亚鲁王》发布会现场，头戴斗笠、身穿藏蓝色织布长衫的歌师陈兴华吟诵了一段《亚鲁王》。只见陈兴华手持长剑，面部庄重而虔诚。随着他低头吟唱起西部苗族创世与迁徙征战的历史，整个会场充满了神圣的仪式感。

《亚鲁王》为何不像有的民族英雄史诗那样，吟诵起来气氛热烈、声调悠扬？原来，《亚鲁王》在其流传的贵州省麻山地区，是作为葬礼上唱诵的内容。歌师陈兴华说："我们麻山苗族人相信，要在葬礼上把祖先的历史和回归祖先的路线传授给逝者，逝者的亡灵才能穿越时空，回到祖先之地。”

《亚鲁王》所传唱的是贵州苗族先民创世与迁徙征战的历史，其主角亚鲁王是被苗族世代颂扬的首领和英雄。长诗以铿锵有力的诗律和舒缓凝重的叙事风格，生动地讲述了贵州西部苗族的由来和迁徙过程中波澜壮阔的场景。

这样伟大的史诗，为什么如今只在极为偏僻、外人罕至的贵州麻山地区流传？专家认为，麻山地区信息闭塞，当地苗族在有限的石漠化土地上种植谷物，在几乎与世隔绝的状态下繁衍生息，生存环境十分恶劣。正是顽强坚韧、从不妥协的亚鲁王精神支撑着当地人的精神世界，才使《亚鲁王》长诗活在麻山苗族人的生活里。在其他苗族地区，《亚鲁王》则是以故事和短诗等形式流传。

2009 年，民间文学研究者余未人在贵州考察时发现了《亚鲁王》，她回忆说：“当时我就被这部用心灵记录、用口头传唱的民族历史经典作品所震撼。”之后，她担任了《亚鲁王》一书的执行主编。

中国社科院少数民族研究所所长朝戈金说：“从内容上看，《亚鲁王》具有创世史诗、迁徙史诗和英雄史诗三方面内容。像《亚鲁王》这样，将三种主要史诗类型的内容融入一部的还不多见。”

学者们认为，《亚鲁王》发现的意义是划时代的，它改写了 2000 多年来贵州乃至西南地区苗族没有史诗的历史。

抢救《亚鲁王》

《亚鲁王》在苗族的口口相传中存在千年，不是在任何时间、任何地点都能唱诵的，更不是人人都能学的，唱它的人需要有天赋，有良好的记忆力，才有可能通过艰苦学习成为歌师。

歌师陈兴华介绍说："我年轻时对《亚鲁王》中祖先精彩的故事感兴趣，开始到老歌师的家里去学习。当有葬礼时，老歌师一边诵读，我就在一旁看，默默记下来。乡亲的出殡仪式何时结束，决定于《亚鲁王》何时唱完。"

在外人罕至的贵州麻山地区，歌师们通过记忆传承着民族的历史与文化。据史诗搜集者杨正江介绍，现在麻山地区仍有3000多名歌师在传唱《亚鲁王》，但他在调查中也产生一丝隐忧。"由于只靠口传心授，很多故事只有起因和结果，故事的经过在代代流传中有些被淡忘了。"杨正江说。

经学者调查，歌师的家族性传承，是《亚鲁王》当前的主要传承方式。随着现代化的冲击，《亚鲁王》的传承者年龄基本在40岁以上，年轻人很难仅凭记忆来传承《亚鲁王》。

《亚鲁王》执行主编余未人说："目前，麻山地区的很多歌师年过古稀，葬礼上出现了道士，歌师在仪式开始之前就要想自己的唱诵如何在时间上配合道士举行仪式，原先要唱好几个晚上的《亚鲁王》史诗，如今大多只唱一夜甚至两三个小时。"

传承数千年的民间文化正一点点被遗忘、被忽略、被蚕食。因此，对无形的《亚鲁王》进行抢救保护和存录出版成了当务之急。

中国文联副主席、中国民间文艺家协会主席冯骥才说："跟民族史诗《格萨尔》、《江格尔》、《玛纳斯》比起来，《亚鲁王》没有文字记录、没有抄本，纯粹是口头文学。口头文学是谁也没有办法定格的，内容瞬息万变，一个歌师走了，一个版本也就带走了，所以我们要用最快的速度先记录下来，这是我们的责任。"

“80后”史诗整理者的坚持

“80后”青年杨正江是土生土长的麻山苗族人。2002年，杨正江进入贵州民族学院民族文化学院开始了少数民族语言的学习。之后，他几乎把所有的节假日都用在对麻山的田野调查上，并由此进入了《亚鲁王》的世界。

在无数次的麻山苗族人葬礼上，在长篇史诗《亚鲁王》低沉的唱诵中，杨正江看到了苗族人的悲壮，听到了苗族人的哭泣。他说：“在麻山，苗族人的死亡不是从此就结束了生命，而是生命的又一继续。他们没有归去美丽的天堂，也没有结束在人间的悲欢离合。他们背负沉重的包囊，身穿先辈的衣裳，带着糯米饭干粮，揣上路途生火用的火石火草，一双草鞋，一身古战士的武装，在儿女的一片哭泣声中，骑上战马，从此，只身一人踏上漫长的回家路。他们朝着太阳初升的地方，就像棺木盖上的刺绣太阳花，追寻着几千年先祖亚鲁王征战迁徙的足迹，穿梭时空，哭泣中沿着一代代人的心灵地图，归去一个如今已经不知道具体地名也不知道坐落何处的家园。”

2009年起，杨正江加入《亚鲁王》的翻译整理团队。因为在搜集过程中要以拼音式苗语记录，再转译成汉语，而能通晓贵州西部苗语和拼音式苗语，并能以贴切的词句翻译成汉语的人，只有杨正江。他先后走访了40余名歌师，用了长达一年的时间录音、聆听，最后确定综合5名歌师的唱词。

通过杨正江和专家们3年的采集整理，共10819行的《亚鲁王》出版发行了，向世人揭开了它神秘的面纱。余未人对这次《亚鲁王》的出版做了一个比喻："不要把这个版本看做是《亚鲁王》搜集整理的终结，这只是一株探索之树结出的第一季果实。"

据介绍，中国民间文艺家协会还将组织人员对传承《亚鲁王》的歌师的现状进行普查，做出科学的决策。希望能够在三五年内培养一批热爱苗族文化、会用苗文来记录史诗的年轻人才。这样，《亚鲁王》的传承才能持续有效地推进。

余未人还透露，现在专家正在亚鲁王儿辈、孙辈的史诗收集方面下功夫。她表示，亚鲁王后辈的故事比第一部还要生动，特别是描述英雄的征战史会更加精彩。

文化部专家、著名学者刘锡诚说，《亚鲁王》第一部的成果面世，改写了我国民族文学的历史，为中国多元文化增添了新的元素，给后代留下了一部"活态"的民族百科全书，为已有的世界史诗谱系增添了一个新的家族。

冯骥才则说："我们数千年古老的中华大地，文学蕴藏之深厚真是无法估量，也许还有不曾知晓的一个民族的长篇英雄史诗会横空出世。"

那地

双胞之家

云南墨江哈尼族自治县约有38万人口，其中双胞胎（三胞胎）多达1200余对，为此，墨江被誉为“双胞之家”。

墨江为何会有如此多的双胞胎？是双胞井水的神奇功效使然，是北回归线穿过、太阳在这里转身使然，是此地盛产紫米、哈尼人爱吃紫米饭使然，还是强大的遗传基因使然？

一个县有千余对双胞胎

墨江位于云南省南部，境内山脉属于哀牢山系，山高箐深，沟壑纵横，立体气候特征明显，北温带、亚热带、热带均有，属于低纬度高海拔湿热山区县。

在墨江，无论是在街上，还是到学校，都能看到许多双胞胎。“墨江人口大约38万，据初步统计，双胞胎多达1200余对，各个乡镇都有。”墨江县旅游局的刀正方如是说。

刀正方的另外一个身份，是墨江国际双胞协会的工作人员。墨江国际双胞协会成立于2005年，目前协会共有会员超过1000人。

在墨江县医院妇产科，能看到这样一组数据：2006年，产妇

400余名，生双胞胎13对；2007年，产妇557名，生双胞胎18对；2008年，产妇676名，生双胞胎19对……据妇产科医生介绍，这仅是县医院妇产科的数据，还有许多双胞胎是在乡镇医院或其他医院出生的。

按自然规律来说，人类双胞胎出生率约占出生人口总量的1%。从这组数据看，墨江双胞胎的出生率高得令人有点难以相信。

喝双胞井水能生双胞胎？

在距离墨江县城不远的联珠镇河西村，有一眼双胞井。每年，都会有大量慕名而来的夫妇，来这里喝双胞井水，有的离开时还带一些井水回家。

在当地，关于河西双胞井，有一个美丽的传说：很久以前，被水神迷恋的少女，怀上了水神的骨肉，心怀不轨的巫师诬陷她怀了鬼胎，想置她于死地。结果，少女逃到了这里，产下一对双胞胎，可胎儿一出生，就变成了两汪泉眼，清冽甘美的泉水成了村民的生命之源。感恩的村民们将两汪泉眼嵌上青石，称之为“双胞井”。

在河西，有112户人家，其中双胞胎有8对。这使得许多人坚信喝了双胞井水容易生双胞胎。从2005年开始，每年“五一”期间，“中国·墨江北回归线国际双胞胎节”都会在墨江举行。组委会的工作人员言之凿凿地介绍，许多没有双胞胎遗传史的夫妇，到墨江喝了双胞井水后，果真生了双胞胎。更为神奇的是，许多年无法怀孕的夫妇，喝了双胞井水后，竟然怀孕了，有的还生了双胞胎。

北回归线穿过能生双胞胎？

也有相当多的人认为，墨江双胞胎众多，与北回归线穿过墨江有关。

北回归线是太阳在北半球能够直射到的离赤道最远的位置。每年夏至（6 月 22 日左右）这一天，那里能受到太阳光的垂直照射，形成“立竿不见影”的景象。之后，太阳直射点向南移动。北回归线至南回归线的区域每年被太阳直射两次，获得的热量最多，形成热带。因此，北回归线还是热带和北温带的分界线。

在墨江，北回归线穿城而过，全县 2/3 的地域在北回归线以南，1/3 的地域在北回归线以北。有人认为，北回归线是热带和北温带分界线，生活在那里，阴阳结合，所以容易生双胞胎。许多相信北回归线说的夫妇，都会到墨江北回归线标志园里的双胞石床上躺一下，希望能生下双胞胎。

刀正方介绍，仅从墨江范围看，北回归线穿过的地方双胞胎更多是一个事实。墨江的联珠镇、通关镇和景星乡是北回归线穿过的乡镇，全县 1200 余对双胞胎中，这 3 个地方就占了一半左右。

爱吃紫米能生双胞胎？

还有一种说法是，生双胞胎与当地的紫米有关。

墨江紫米素有“米中极品”之称，属糯米类，粒大饱满，黏性好。紫米营养价值高，含有丰富的蛋白质、脂肪、赖氨酸、色氨酸、核黄素、硫氨素、叶酸等多种维生素，以及铁、锌、钙、磷等人体所需微量元素。

墨江盛产紫米，当地人亦爱吃紫米，紫米粑粑、紫米酒、紫米粥、紫米三七炖鸡、紫米八宝饭等都是当地人的家常食品。在墨江，完全可以做紫米宴。

吃紫米生双胞胎几率大的支持者认为，紫米里的叶酸很重要。叶酸是DNA复制过程必需的一种辅酶，没有它，DNA复制就不能进行，细胞便无法分裂。有研究表明，叶酸对孕妇和正在发育的胎儿很重要，它有助于预防神经管缺陷，降低宝宝出生缺陷的风险，预防孕妇贫血，对于DNA和细胞的基本结构都非常重要。

家族遗传能生双胞胎?

不过，更多的人坚信，生双胞胎其实与家族遗传有关。原因很简单，在没有北回归线经过、没有双胞井、也不盛产紫米或吃紫米的地方，照样有双胞胎出生。

事实上，从连续几届“中国·墨江北回归线国际双胞胎节”看，世界各地都有双胞胎，而且这些双胞胎的家族往往不只有一对双胞胎。

杨礼、杨思双胞胎姐妹出生在云南思茅，她们的家族目前有3对双胞胎。来自丽江的王慧艳和王纵艳也是双胞胎姐妹，她们家族里共有4对双胞胎，她们的邻居家也有3对双胞胎。来自蒙自的秦波，生了一对双胞胎女儿，她也认为生双胞胎与遗传有关。“我们家族目前有5对双胞胎。”秦波说。

什么成就了双胞胎高出生率？

生双胞胎与双胞井水有关，或是与北回归线有关，这些提法，事实上很难有令人信服的证据来支持。

参加“中国·墨江北回归线国际双胞胎节”的双胞胎中，许多双胞胎的父母根本未曾喝过双胞井水。墨江县疾控中心检验科的工作人员表示，经过检验，双胞井水是非常安全的，符合国家饮用水标准，但现在还无法证明喝这井水就能生双胞胎。

另外，北回归线穿过的国家有许多，比如缅甸、墨西哥等，就中国来说，它穿过云南、广西、广东和台湾。如果北回归线说法成立，那么这些地方也应该和墨江一样，拥有很高的双胞胎出生率才对，但事实上并非如此。

那是否与紫米含有叶酸，当地人又爱吃紫米有关？有人认为，这也不能说明问题。叶酸随处都买得到，许多孕妇都会补充叶酸，她们为什么很少生双胞胎呢？

墨江县医院妇产科的医生认为，生双胞胎很大程度上与遗传有关，不过墨江双胞胎出生率这么高，他们也弄不清楚究竟是为什么。

“每种说法看似都有几分道理，但又都经不住推敲，我个人觉得，墨江双胞胎多，与当地独特的地理环境、气温、水质、食物、遗传等都有关系。或许这些因素缺一不可，我们也希望能够有人破解这些谜团。”刀正方说。

长发第一村

作为青春和健康的标志，作为美丽和富贵的象征，红瑶妇女人人都有一头浓密的长发。这些披下来能够垂到地上的长发，像瀑布一样飘逸。当它们被一圈一圈地挽上去时，或交叉盘桓、平绕头上，或交替盘绕、然后在额前扭出一个圆形的发髻。

红瑶是瑶族的一支，主要生活在广西境内。红瑶女性有世代相传的蓄发、梳妆发型的习俗和护发秘方。在广西龙胜各族自治县黄洛瑶寨，共有300多名红瑶妇女头发的长度在1.4米以上，其中最长的达2.1米。因此，黄洛瑶寨创造了“吉尼斯群体长发之最”，被誉为“天下长发第一村”。

黄洛瑶寨的不少瑶族阿婆，头发都是油光闪亮的，就连80岁的阿婆头上也少有白发。瑶女的长发不仅为这里带来了美誉，也带来了意想不到的经济收入——妇女们将长发梳妆与当地民风民俗相结合的表演，吸引了来自各地的游客。

为什么黄洛红瑶女子们的长发乌黑发亮而没有白发？为什么她们的长发柔软而不开叉？这源于她们独一无二的护发秘诀。

在当地，每家每户的火塘旁都有一个陶罐，里面装的是红瑶妇女们贮存起来的淘米水。经过火塘的烘烤，淘米水就发酵成红瑶女子们独特的护发品。她们每隔几天梳洗一番，每次梳洗，首先把长发放在秘制的淘米水中充分吸收营养，接下来就是10分钟左右的润发时间，再用山泉水洗净，然后梳理晾干，这就是红瑶女子保养长发的秘密。

如果说淘米水是红瑶妇女们的高级洗发水，那么瑶寨前后几处清澈的山泉，就是她们的天然梳妆台。

据介绍，在红瑶的风俗中，小孩出生刚满月时，要举行剃月头仪式，也就是剃去绒绒的胎毛，使头发变得又多又黑。此后，女孩就将头发留长，直到长大成人。

红瑶女子把头发看作人的精血。梳头时，即便是不小心落下几根头发，都要小心翼翼地捡起来加以珍藏。头发长到一定长度要剪下来，一般由外婆保存，等姑娘出嫁时，这束头发要盘在姑娘的长发上，作为嫁妆带到婆家。等到红瑶女生儿育女后，就可将头上的长发和珍藏的剪下的长发一同盘起，形成百看不厌的“乌龙盘髻”。

每年红衣节是龙胜红瑶同胞最盛大的节日。节日期间，会举行瑶族妇女长发比赛。平时，红瑶妇女总是把头发盘起来，人们无缘一睹风采。但在红衣节上，她们却要赛长发。赛前，只见红瑶妇女将头发盘成髻静静地等待着。当主持人宣布开始时，那一束束长发像瀑布一样落下，一时间聚集了千百目光。

除了秀丽的长发，红瑶女子的服饰也十分好看。她们上身着束身宽袖瑶服，以红色为主，配有各种式样的图案。下穿齐膝、宽松的摆裙，虽由粗布自制而成，图色搭配却十分抢眼。未出嫁的红瑶妹还得戴上头巾。

红瑶妇女有种桑养蚕的传统，她们用一根根蚕丝织出了秀美山川，绣出了花鸟虫鱼。据说，红瑶女子从七八岁就开始学习刺绣和织布，她们不用描图也不用勾线，凭着祖上传下来的技艺，靠着自己灵巧的双手，就能在经纬交叉的土布上织出一幅幅美轮美奂的图案，而每幅图案背后都有一个美丽神奇的传说。

“一梳长发黑又亮，二梳长发等情郎……”当红瑶女子在欢快的长鼓声中，身穿自制的衣裳婀娜起舞，并解开头上乌龙般的盘发，唱起《长发瑶》时，秀美的山川也迷醉了……

吉他之乡

“阿哥阿妹的情意长，好像那流水日夜响；流水也会有时尽，阿哥永远在我身旁……”一首耳熟能详的《婚誓》，一部荧屏经典《芦笙恋歌》，让人们知道了能歌善舞的拉祜族。

拉祜族是一个古老的民族，聚居在澜沧江两岸的云南临沧、思茅地区，有人口40余万。如今，除了《婚誓》，还有一首更为流行的歌曲《快乐拉祜》，成为拉祜族的文化标志。《快乐拉祜》的创作者、拉祜族女歌手李娜倮的家乡，就是全寨四分之一人口都会弹吉他的“吉他之乡”——云南澜沧拉祜族自治县酒井哈尼族乡老达保寨子。

拉祜族与吉他的缘分

提起吉他，人们大多想到的是时髦青年弹拨着这种乐器，浅吟低唱，一派风花雪月。有谁知道，在云南大山深处，有一群地地道道的农民，他们不识谱，甚至不会认字，却能将吉他这种西洋乐器玩得令人眼花缭乱。男女老少上百人的吉他集体弹唱，更是见所未见、闻所未闻——这就是“吉他之乡”云南澜沧拉祜族自治县老达保寨子的音乐传奇。

中央电视台《乡土》栏目曾走进拉祜族寨子——老达保。让摄制组人员惊奇的是，他们在村头寨尾随便碰上的村民，都能操起吉他弹唱，无论男女老幼。

老达保寨子有400余人，其中会弹吉他的就有100余人。每天晚饭后，村民们都爱聚在一起，弹吉他、唱民歌、跳芦笙舞。人们在音乐中怡然自得，数十年来，这个寨子的赌博、偷盗、斗殴等现象几乎绝迹。

一个大山深处的寨子，为什么对吉他这种西洋乐器如此迷恋呢？问起寨子里的人是怎么学起吉他的，他们不约而同地提到一个人——李石开。

李石开是一个地道的拉祜族农民，身材不高，肤色黝黑。这个貌不起眼的农民对音乐有着天生的爱好。李石开年轻时有一次到澜沧县城办事，看见有人弹吉他，顿时被那美妙的声音迷住了。1984年，李石开卖掉家里的一头猪，用60元换来了一把吉他，开始练习弹吉他，尽管那时他不识谱，也不认字。

李石开学会弹吉他后，第一个就教会了妻子。妻子虽然是农妇，但对吉他也很入迷，劳作之余就以弹吉他为乐。后来，她还把吉他弹奏技艺教给了女儿、儿子。而她的女儿，正是18岁就创作了吉他弹唱《快乐拉祜》的李娜倮。

就这样，你传我，我传他，上一代传给下一代，丈夫传给妻子，哥哥姐姐传给弟弟妹妹……在老达保，竟然形成了家家户户、男女老少弹吉他的局面。

虽然李石开是老达保寨“吉他弹唱第一人”，但说起吉他与拉祜族的缘分，却不是从李石开开始的。

19 世纪末 20 世纪初，随着基督教传入云南澜沧地区，传教士也带去了吉他等西洋乐器及西方音乐理论。那时，在简陋的教堂里，唱赞美诗的主要伴奏乐器就是吉他。在当时没有更多外来文化涌入的情况下，很多拉祜族人是伴着吉他声长大的。

正是由于历史原因，使拉祜族人对吉他有天然的亲近之感，并且乐于学习这种乐器。否则，李石开教吉他也不会在老达保产生一呼百应的效果。

十八大代表李娜倮和她的乡亲们

李娜倮是“吉他之乡”老达保的标志性人物。2012 年，年仅 29 岁的她被选为十八大代表，这成了拉祜族以及澜沧县的骄傲。

容貌秀丽的李娜倮有着过人的音乐天赋。她 13 岁就跟父母学会了吉他弹唱，16 岁时学会了作词、作曲。旋律优美、广为传唱的《快乐拉祜》，就是她 18 岁时的作品。此外，她创作的《真心爱你》、《新年快乐》等歌曲，已拍成 MTV，在中央电视台《魅力十二》等栏目中播放。

虽然李娜倮只有小学毕业，但已创作了 30 多首歌曲。平时，她略显腼腆，但一拿起吉他，就沉浸在音乐中，显得活力四射。由于名气渐大，现在的李娜倮有一半时间都在外地参加演出。

李娜倮的两个弟弟扎努、扎思与表兄弟大扎倮、小扎倮、扎珀，也同样富有音乐才华。几个男孩组成的达保兄弟组合，被誉为“中国第一支原生多声部乡村音乐组合”。尽管这几个大男孩几乎不会写汉字、说汉语，但他们却能用吉他编曲，演唱美丽的和声。《我的花》、《拉祜小丫咪》等歌曲，让听过他们演唱的人直感叹：

“想不到有这样和谐的声响！”

在老达保，还有一个专为传承弘扬拉祜族文化而成立的雅厄艺术团，团长正是开老达保文化新风的李石开。副团长李娜倮，则是文艺核心人物。起初，参加雅厄艺术团的队员不多，李娜倮就挨家挨户地去动员，并且利用业余时间教村民弹吉他、唱歌跳舞。

现在，雅厄艺术团已经有了160多名团员。平时，无论农活有多忙，大家都争取挤出时间，参加艺术团的排练。如今，这支艺术团已经成为普洱市文艺演出的“常客”，不少团员还多次到北京、上海、广州等大城市演出。

与城市里的歌手抱着吉他唱流行歌曲不同，雅厄艺术团的团员是在吉他的伴奏下弹唱属于自己民族的民歌。这些民歌既有古老的原生态民歌，又有新创作的民歌。看着一大群穿着艳丽的民族服饰，背着吉他在台上又弹又唱的农民，人们无不从他们身上感到快乐、自由。对他们而言，吉他弹唱已不是一种炫技和才华展示，而真正成为了生命中不可或缺的一部分。

旗　城

近代以来，当初拱卫大清帝国的八旗驻防城，大多随风而逝，包括满族发源地东北的驻防点以及北京畿辅驻防地等。唯独山东青州旗城，以长期的封闭性和独立性留存下来。不仅如此，旗城内还保留下较为纯正的京腔，以及满族乐器、民俗等。

近 300 年历史中，青州旗城的满族虽与当地汉族、回族人民和睦相处、交往融合，但却形成了自身文化生态系统，成为学者们研究满族历史文化的活标本。

“穿越”到今的满族城池

用一个词形容山东青州旗城，就是“壮观”！青州旗城从雍正八年（1730 年）始建，到雍正十年完成，建设耗资数十万帑金，其工程量之浩大，头绪之纷繁，可称为青州历史上的奇观。

据新中国成立后的青州旗城第一任村党支部书记那段奎（满族叶赫那拉氏）介绍：雍正十年，清廷调拨 2000 名满洲兵丁及官兵眷属合计 1.5 万人，在青州将军邵弥达带领下，前赴青州。旗城因建于青州府城之北，故当地习惯称为“北城”。居住着汉族、回族人的府城，顺理成章地被称作“南城”。

随着1.5万名八旗兵丁迁入青州，一种新的文化生态——旗文化也随之诞生。辛亥革命期间，西安、杭州等不少地方，由于盲目排满，造成满、汉争斗的流血事件，唯独青州北城平稳过渡，没有发生民族纠纷。

胡军是青州市益都文化馆工作人员，他自20世纪50年代起一直挖掘当地民间艺术，组织考古等工作。他说：“在20世纪50年代的时候，北城满族人的穿着、生活依然很讲究，有点八旗子弟的遗风。即使是出来要饭，他们也依旧穿着旗袍，梳妆很讲究，文化馆里有几个演员就是旗人子弟，京剧唱得很好。”

曾经的青州旗城最为鲜明的标志，便是那八旗十六佐共4800间房子，如今绝大部分清代住宅已成废墟，保留较好的有两处：一处是北城中街后一巷2号的颜士慧家，现已被青州市文物局立碑保护起来；另一处是当年的骁骑校衙门，现为满族小学所在地。

颜士慧家是村里唯一一栋被北城政府保护起来的官员住宅。颜宅是一座典型的四合院，东南方开院门，呈长方形。院长18米，进了大门是影壁，院墙高大，大约60平方米的宽敞院落，青砖铺地，映入眼帘的是依然精致、气宇轩昂的北房，房屋四梁八柱，房顶面为合瓦，瓦檐雕有蝙蝠式花纹，东西两间有雕花隔扇。

据主人颜士慧老人（满族完颜氏，正黄旗）的儿媳那风鑫介绍，这座房子曾经有块牌匾叫“玉秀堂”，家里用的布口袋上也写着“玉秀堂”，这三个字含义如何，从什么时候开始用，已经说不清了。住家的最后一任官员是额领，木匾题：吏部天官子——皇家一外甥，不过这块匾“文革”时期被当做“四旧”给砸了。

北城东街28号是青州市满族小学。走进校园大门，能看见院子中央有一颗粗壮茂盛的皂角树，用石碑围了起来，据传此树系建旗城时栽植，历经数百年仍枝繁叶茂。教室的角落还摆放着一块残破石碑，碑头为“宣化会地址碑记”，立碑时间为“中华民国十六年”。据学校马校长介绍，相传这里原是一个土地庙，后来大概有个叫“宣化会”的组织在此办公。

老房子能够存留下来，是因为青州市满族小学仍在使用。但据马校长说，学校今后将会搬迁，两处老房子还能否继续保留下去就不得而知了。

京腔的顽强遗存

在青州有一个奇特的现象，一条马路上，以溥杰题字的石碑为界，石碑的一方是南城，一方便是旗城，而石碑的两端是截然不同的两种方言。南城为当地青州话，而旗城这一方是保留了一些东北味儿的京腔，被人称为“北城话”，这种罕见现象，如果不是亲耳闻听，很难想象。

提到“北城话”，这是为学者所关注的一个神奇的民俗文化现象。在历经近300年的沧桑巨变以及汉文化的长期熏陶之后，北城满族竟然还能保留下带有京腔的独有语言，这让世人不得不感慨民族文化坚韧的生命力。

曾到青州考察北城满族遗存情况的中国社会科学院近代史研究所刘小萌和黑龙江东北亚问题研究中心主任王禹浪，在他们撰写的《山东青州北城满族村的考察报告——关于青州八旗驻防城的今昔》一文中，对“北城话”给予了极大的关注：“据村委会干部介绍，只要一出北城村，你听到的就是地道的山东话，北城村人无论老幼都兼通山东话和‘北城话’，村外交际用山东话，村内交际说‘北城话’。有趣的是，在北城村内上学的汉族孩子也用‘北城话’，因为这种话很接近普通话。”

“北城话”中仍保留着一些传统的满族词汇，比如，窝撒库（指祖宗板），瓦单（指包袱），克食（指祭祀肉），赛衮仑（音，指这个人很笨），东该（音，指东街），哈了八（音，指肩疼），上哪儿喀（上哪儿去）等。这一令很多研究满族历史的学者难以置信的文化现象，其背后彰显的是满族文化的张力。

原汁原味的民族遗音

有专家说，北城的口音与《红楼梦》的语言极其相似，曹雪芹时代的北京话怎样说已不复可知了，但是青州旗城或叫“旗城文化生态系统”中，确实保留了不少清朝满族文化的痕迹，比如满族口音、满族姓氏、满族珍珠球、满族八角鼓等。

在青州北城，八角鼓是一种很流行的乐器。八角鼓既是乐器名，又是曲种名。作为乐器，八角鼓是满族最有特色的民间乐器，八木相拼而得八角，它的八个边象征着八旗的团结。作为曲种，八角鼓是因演唱者手执八角形的小鼓弹出节奏，进行演唱而得名。

史料载，满族入关时，军中即有以满语演唱的八角鼓军歌。乾隆时期，京城的八旗子弟在传统俗曲的基础上，吸取汉族弋腔曲调，形成了以歌功颂圣为主的演唱曲种。在北京传统戏曲中，八角鼓是与岔曲、京韵大鼓和单弦等京味艺术齐名的民间艺术。但近十几年来，由于受现代艺术的冲击，民间曲艺式微。原青州市委书记王立胜在对青州文化与音乐进行梳理时，便指出：京城八角鼓历经岁月变迁，有了很大改变，而青州八角鼓却保持着原生态的特点。

不只八角鼓，古老的乐器挫琴在青州也成为一种“活标本”。20 世纪初，挫琴在山东广饶、临淄等地普遍存在，后来渐渐失传。进入 21 世纪后，独特乐器更印证了青州旗城作为有着独特文化生态的“文化飞地”，在传承民族文化方面的奇特魅力。

八卦城

有这样一座小城，初到此地时并不觉得它有何特殊之处，可在城里转上几圈，就会莫名其妙地迷失方向，甚至怎么走也出不了城，就像陷入了诸葛亮摆下的迷魂阵。这座城到底有何魔力呢？登上城中央高高的观景塔，就一目了然了——原来，整座城市就是一个大八卦阵！

小城名叫特克斯，是名副其实的“八卦城”。在中国，以“八卦”命名的地方并不鲜见，如浙江兰溪的八卦村、杭州的八卦田、广东翁源县的八卦围，但最大的还是新疆的特克斯八卦城。它也是世界上最大、最完整的八卦城，2001 年就入选了世界吉尼斯纪录。

体现道家文化的八卦阵图，何以在特克斯这个自古就是少数民族聚居的西域边塞小城得以最充分的体现？以八卦阵来规划城市，其奥秘与独特之处何在呢？

没有红绿灯的城市

特克斯地处古丝绸之路中国段最西端的伊犁河谷乌孙高原上，东距伊宁市百余公里，向西过昭苏县即与哈萨克斯坦接壤。

走进特克斯县城，最引人注目的是“八卦城”城标，在巨大犁铧形状的黑白雕塑城标上，镶嵌着象征阴阳鱼的两个黑白圆球，其四周用花岗岩建成，上面刻有“天、地、雷、电、水、火、山、泽”与“乾、坤、震、坎、艮、巽、离、兑”卦象，城标外围还有64根铁柱，象征易经的64卦。

步入城中，只见街道都以乾街、坤街、离街、坎街、震街、巽街、艮街、兑街来命名。当登上小城中央处于太极位的、五十多米高的观景塔俯瞰全城时，人们会惊异地发现——

原来，小城的中心呈现为太极的阴阳图形，由中心向外辐射出八条主街，每条主街长1200米，每隔360米左右设一条连接八条主街的环路，由中心向外依次共设四条环路。一环八条街，二环十六条街，三环三十二条街，四环六十四条街。并且，街道按八卦方位形成六十四卦。

奇妙的还不仅是整个城按八卦阵图来建造，更为玄妙的是，特克斯县城与周围的山形、河流相统一，形成了《易经》中所说的“前朱雀、后玄武、左青龙、右白虎”的形态。

初到特克斯的人，迷路是正常现象，因为此地路路相通，转到哪里都感觉似曾相识。据说，有个外地超载的司机将车开到特克斯县城，发现前面有个交警在执勤，于是赶紧绕路，但绕来绕去发现交警总在前方不远，而他绕了一晚上也没绕出城去。这事一时被传为笑谈。

除此之外，特克斯还有“一奇”，那就是整座城没有红绿灯。因为根据专家的意见，既然道路环环相连、条条相通，这对一个县城来说就不会造成塞车，车辆和行人无论走哪个方向都能到达目的地。于是，有关部门在1996年取消了道路上的红绿灯。果然，没了红绿灯，这个城市运作如常，交通丝毫未受影响。恐怕，特克斯要算是世界上唯一一个没有红绿灯的城市吧。

八卦城何以出现在西域边塞？

八卦城奇特的布局，曾吸引不少道教人士前往。在他们看来，八卦城绝对是由一位精通《易经》的高人精心选址、定位、设计的。可特克斯是一个西域边塞之地，哪位高人会来此呢？

于是，道家的长春真人丘处机进入了人们的视野。当地流传甚广的传说中，南宋末期成吉思汗西征时曾请丘处机前去传授长生不老之道和治国方略，丘处机用了三年多时间西游天山，途经特克斯河谷时，被河谷的山势、川势、水势所动，称这里集山之刚气、川之柔顺、水之盛脉为一体，并以周文王推演的八卦确定了坎北、离南、震东、兑西四个方位，而这成为特克斯八卦城最原始的雏形。

丘处机应成吉思汗的诏见而西行，在历史上是确有其事的。他带领 18 个弟子从山东启程，足迹遍及西域及今天的外蒙古。但是，丘处机是否到达过今天的特克斯并为之按易理确定方位，史书上并没有记载。

有史可查的是，身为民国时期“新疆王”盛世才岳父的邱宗浚，以伊犁屯垦使兼警备司令的身份于 1937 年来到特克斯。那时，特克斯的行政区划还不叫县，叫设置局。设置局的所在地在今特克斯县中间的一个位置，叫阔布村，那儿面水背山，地域狭窄，坡度很大。

为了选择一个合适的城址，据说邱宗浚邀请了一位精通风水选址的老先生，同时还邀请了苏联专家，运用现代科学规划理论来选址，结果两人不谋而合地都选择了现在八卦城的位置。

据说，精通《易经》和堪舆学的丘宗浚，亲自设计了八卦城图。当时还邀请了苏联专家帮助测量，打桩放线。由于没有线绳，便购来成捆的布匹，撕成布条，连结成长长的布条绳线，然后再用20头牛沿着布条拉犁，犁出了八卦城街道的雏形。

见证过那段岁月的哈萨克族老人霍佳回忆，因为当时条件比较简陋，就用犁铧犁出了三道圈，表示三环，第一环安排的是富商，让他们开一些店铺，二环住中等人家，三环就是贫穷人家。

八卦城竟然是用犁铧犁出来的！也正因为这个缘故，现在八卦城的城标才选用了类似犁铧的形状。

追溯古乌孙文化

今天的特克斯是哈萨克、维吾尔、汉等多民族聚居的地方，而历史上的特克斯则曾是月氏、乌孙、回纥、突厥、蒙古等二十余个民族曾经生息繁衍的地方。

据《史记》、《汉书》、《唐书》等记载，公元前2世纪前期，从甘肃西迁到新疆伊犁的乌孙人，占据了富饶的特克斯河流域天然大草原，生息繁衍长达500余年，建立了当时西域第一大国——乌孙国。

乌孙人就是今天哈萨克族的主要族源。而特克斯，就是当时乌孙国的中心之一，拥有中国惟一用“乌孙”命名的山脉——乌孙山。如今8600多平方公里的特克斯的土地上，仍存有两万座乌孙古墓，它们分布在依山傍水的草原上，呈南北走向，五至七座为一列，有大墓、小墓之分。伴随古墓的还有鹿石和石人。目前，在特克斯草原上发现了 17 尊草原石人和 11 处鹿石岩画。

在中原与西域和亲频繁、往来密切的汉代，特克斯还是史载中公主远嫁最多的地方。汉武帝时，花容月貌的刘细君作为第一位和亲公主嫁到乌孙国，乌孙王专门修建“夏都”宫殿，隆重迎娶细君公主。此后，解忧公主也远嫁于此，她深得乌孙人爱戴，被称为“乌孙国母”。解忧公主的侍者冯嫽，嫁给了乌孙右大将，史载她“尝持汉节为公主使”，亲自走访附近一些国家，堪称中国历史上第一位女外交家。

历史的烟云都已散去，但中原与西域的交流、各民族的融合、易经文化与游牧文化的交织等，却已深深嵌入特克斯的城市肌理，铸就了这座城市古老、独特而迷人的气质。

黑　城

1886年，俄国探险家在我国内蒙古的一片戈壁沙海之中，发现了一座沉睡500多年、规模宏大的古城遗址——黑城。1908年，俄国人科兹洛夫在黑城掘出了大量西夏文物和珍贵文书，用了近百峰骆驼才将文物运走。

这一惊世发现，让黑城引起了全球考古界的关注。各国探险家纷至沓来，掠走了许多价值连城的文物。这座记录着西夏党项文明和蒙古文明的藏宝地，被誉为中国考古史上与殷墟甲骨文、敦煌文书和居延汉简齐名的重大发现。黑城到底经历过什么？它又为何从繁荣走向衰败，以至最终被淹没于漫漫黄沙之中？

城廓：苍凉的背影

从内蒙古额济纳旗政府所在地达莱库布镇南行28公里，就能到达黑城。戈壁、大漠，蓝天、流云，黑城就在这浑厚的背景下，满目沧桑，静静伫立。明朝以来，黑城空荡荡的身躯与黄沙独自交战600余年，人类的印记在沙漠面前是如此渺小。

黑城，蒙古语为“哈日浩特”，是西夏黑水城和元代亦集乃路城遗址。当年在马可·波罗的笔下，亦集乃路是一座繁荣的城市。一般来说，丝绸之路上现存的古城大多是土墩子，黑城也不例外，只是它保存得更加完好，堪称丝绸之路上现存最完整、规模最宏大的一座古城遗址。

登上一座沙丘的顶部，古城一览无余。现存城墙为元代扩筑而成，城池为长方形，东西长 434 米，南北宽 384 米，周长约 1600 米，总面积近 17 万平方米。城外西南角有伊斯兰教拱北建筑一座，巍然耸立。

古城仿佛是位威严的老人，虽然历尽沧桑，却不失积淀百年的风度，保持着一副凛然不可侵犯的样子。四面城墙兀然而立，4 个城门口都有瓮城拱卫，城墙外侧的敌台延续着恪尽职守的姿态，夯筑的经纬线横平竖直，历历在目。苍黄的夯土，在漫天飞沙的煎熬下斑驳不堪。

流沙滚滚，天路遥遥，苍凉的古城给人一种神秘莫测之感。最让人惊讶的是，黑城基本处于全开放状态，包括用泥土夯成的古城墙都允许游人行走。由于地处沙漠边缘，黑城饱经风沙侵蚀，黄沙慢慢在城墙底下堆积起来，可叹，若干年之后，世间或许将再无黑城！

佛塔：黑城的标志

在黑城，最抢眼的是其独特标志——覆钵式佛塔。这两座残存佛塔屹立在城墙西北角的沙丘之畔，高约 12 米，已为黄沙半掩，其外层已经脱落，露出里面的青砖。它们记录着冰霜雨雪和烈烈西风的故事，印证着如走马灯似的各代人的悲欢离合。

据说佛塔是西夏王朝的遗物。佛塔最里面是空心的，一般存放各类高级佛事用品，有时安放圆寂大师的佛骨舍利，有时也存放佛经书籍或者高僧衣物、寺院珍宝等。西夏党项人笃信佛教，他们把对佛的崇拜、生活的憧憬、轮回的祈盼都砌进了佛寺和佛塔之中。

漫步城中，部分城池虽已为黄沙掩埋，而城内建筑群落布局依旧井然。遥想当年，这座精致的城池，一定有着别样的繁华。以高台庙宇为中心，十字形主街道由此向四个方向延伸，纵横交错。佛塔和清真寺遥遥相对，各色房屋接瓦连椽，丛树点缀其间。辉煌的王宫，森严的官府，香火缭绕的寺院，炊烟阵阵的民居……意大利旅行家马可·波罗当年就是经过两河流域，穿过伊朗和帕米尔高原，取道新疆、甘肃，再通过这里前往漠北朝见元世祖忽必烈的。

而此时，城中早已看不到鳞次栉比的楼宇殿阁和宽阔笔直的街道，只剩下一段段黑乎乎烧掉大半的横梁，一堵堵民居的残墙，以及散布遍地的砖石瓦当、陶片碎瓷、泥佛遗物等。

细察弱水两岸及黑城周围，被滚滚流沙切割和侵蚀的土层，偶尔会露出田垄、沟渠、房舍，说明这里自古就是一片宜农宜牧的肥沃绿洲。据当地人讲，黑城外围有一片南北长约 40 公里、东西宽约 25 公里的地域，被牧民称为“幽隐神秘的黑沙包”。在重叠的沙包下埋藏着一个古屯田区和大批田舍。黑城繁荣之时，这里一定有大批居民。

由于战争的需要，黑河曾被人为改道，以至于这个曾经连接丝绸之路的著名古城周围几十里变成了荒漠一片。叮咚驼队早已不见了身影，曾经辉煌一时的西夏党项人创造的黑水文明，曾经的大元蒙古镇抚西北的军事要冲，也随着烈烈的西风远去，听不到一点儿羌笛和鸣与胡笳的悲音。

传说：悲壮的故事

黑城至今流传着很多传说，最传奇的莫过于黑将军浴血守城的故事了。当年，为北元王朝守卫黑城的是智勇双全的蒙古族将军哈喇巴特尔，人称“黑将军”。明朝大将冯胜率军挟推翻元王朝之余威，一鼓作气打通河西走廊，进入居延绿洲，然而却在黑城之下碰了一颗大钉子。

黑城四门紧闭，戒备森严，冯胜攻城两年无果，损兵折将，士气顿减。后有谋士献策，采取绝水之法截断上流的水源，迫使黑河改道。数月之后，城中断水，城内军民渴死无数。见此情景，黑将军将财宝埋入干涸的深井，将一双儿女推下去陪葬，随后带着余下的弟兄，从西城墙挖洞开穴冲出城去，后在明军的追击下全军覆灭，黑将军也自刎身亡。

如今，黑城的 4 个城门已全为堆土封死。只在西城墙靠中部城墙根处，留下一个高 2 米多、宽约 1.5 米、直通城外的大洞。这个可容骑驼者进出的洞口，相传就是当年黑将军突围的洞口；城池内偏西北的那个大坑，相传就是当年用来埋藏全城财宝的那口深井；而被当地人称为“宝格德波日格”的那座高大沙岭，相传就是当年明军截水所筑的大坝。

历史：从繁荣到衰落

黑城，这座曾经无比美丽的城市，为什么突然之间变成了一座废城、一座荒城呢？

据资料显示，黑城是居延地区的重要组成部分，汉代曾派兵在这里戍边。1038 年，党项人建立了西夏政权，随后在黑城设黑山威福军司。黑城西扼弱水，东锁沙海，北控居延，南挟大湾，正好处在浩浩无际的巴丹吉林和腾格里两大沙漠的南北中轴线上，是一个中心点。

为了防备辽国夺占弱水绿洲，进而进犯西夏之境，西夏王朝调军队在黑城设立了黑山威福军司，成为守卫西夏王土的一支前沿劲旅。从这个意义上讲，黑城实际上担负着举足轻重的关隘的作用，是北走上都，西抵哈密，南通河西，东往银川的交通要冲。从那时起，黑城开始走向一时的繁荣，经济文化发展达到顶峰。

1226 年，成吉思汗率领军队攻破黑城后，在此设亦集乃路总管府，之后扩建黑城。作为元朝最后一座被攻破的城池，黑城被明朝放弃，并从此成了一座名副其实的废城。

此后，黑城一直沉睡了 500 多年，直到被俄国探险家发现。西夏在中华历史上堪称昙花一现，留下的历史资料少之又少，现代考古研究西夏最主要的线索就来源于黑城，只可惜大多数有价值的文物都被英、俄等国博物馆或民间收藏。

一片苍茫流沙之中，黑魆魆的孤城仿佛一只孤舟抛锚于戈壁沙海之中。时间依旧在缄默着，在黄沙之中的断壁残垣中无情无爱地流动着；它的强大和冷酷，它的不可捉摸，都像黑城失落的文明一般令人窒息。黑城很美，透着一种苍凉悲壮的美，一种无法用词藻堆砌的美，一种胜过琼楼玉宇、雕梁画栋的美。这美缘于时间，也缘于内心。

香妃墓

她在金庸的小说《书剑恩仇录》里出现过，在红极一时的电视剧《还珠格格》里出现过，她国色天香的美貌、遍体生香的肌肤，她来自遥远西域的特殊身份，以及她与乾隆皇帝的深情爱恋，总给人无限神秘的遐想。她，就是香妃。

抛却文艺作品中虚构的成分，还原历史中真实的香妃，这个传奇女子到底是何面目呢？

树木掩映中的香妃墓

当代作家沈苇曾经形象地将“孜然”誉为喀什的味道，是因为这个城市的烤羊肉摊上常年飘荡着孜然的香味。而在每年5月，整个喀什甚至整个新疆却又几乎被沙枣花香笼罩了。一地花香中，那个缓缓步入中国杰出女性之列的香妃，总是从容地从喀什的城市记忆中步出。

相比内地而言，南疆的晨曦似乎来得迟些。清晨，在一地沙枣花香中走出喀什城，前往东郊浩罕乡的香妃墓地。只见墓地周围有4棵沙枣树，其散发出的浓郁花香令人陶醉而晕眩。看到那米黄色的花朵掩映在绿叶中，令人不由想起了美国作家迈克·米勒在他的《迷药》中所描述的句子："怒放的花朵代表了女性的魅力，氤氲的香气则是女神的化身。"

在晨曦和花香中，香妃墓方形的底部和半球形的穹顶、四角耸立的圆柱体邦克楼、陵墓外墙镶嵌的绿色琉璃砖，自然增添了一分伊斯兰建筑的庄重和圣洁。

虽然是清晨时分，却有不少当地维吾尔族妇女已来到这里。她们或是在门楼前扶着墙面，或是伫立在水塘边、果园中和花圃间，低头默语。有几个维吾尔族妇女还扶着沙枣树，口里喃喃而语。原来，香妃墓在外地游人的眼里是一个著名景点，而在当地穆斯林女性心目中却有很高地位，是她们倾吐心声、祈福求顺的地方。

来这里的妇女，有的是遇到了不顺心的事情，便来这里向香妃倾诉，祈求得到完满的解决；有的年轻穆斯林女性到了婚嫁年龄，来这里祈求得到一桩美满的婚姻；有的是已婚妇女，但一直不孕，来这里祈求能怀孕生子。沙枣花盛开的季节，来这里的穆斯林女性最多。

这些穆斯林女性所崇敬的香妃，究竟是一个怎样的人呢？

沙枣树下的少女走进皇宫

国人了解香妃，多是通过民间传说或者近几年热播的宫廷电视连续剧。而历史上真正的香妃，又是怎样踏上中国历史上最漫长、最浪漫的和亲之路的？

这位在沙枣树下成长起来的穆斯林美女，名叫伊帕尔罕，她喜欢用沙枣花浸泡过的泉水沐浴，也喜欢用沙枣花来熏衣，所以她的身上常常散发出沙枣花香味。乾隆二十二年（公元1757年），新疆境内的大小和卓叛乱，伊帕尔罕的哥哥图尔地协助乾隆皇帝平定叛乱有功，被恩赐进京。乾隆帝听说图尔地有个浑身散发着香味的妹妹，便令他进京时特意带上心爱的妹妹伊帕尔罕。这位美丽端庄的穆斯林女性，带着对京城的陌生感和对未来生活的憧憬，和哥哥一起踏上了东去之路。

家乡的沙枣花香逐渐淡去，喀什城里飘着孜然味的烤肉香逐渐淡去，南疆大地上的沙漠、绿洲逐渐在身后了。当伊帕尔罕经过漫长之旅走进紫禁城时，大清王朝最高统治者的眼睛睁大了。

任眼神被带着一袭暗香的优雅身体所吸引，仿佛喀什噶尔的沙枣花香在伊帕尔罕上路时就黏附在她的裙裾上，万里远途过后，依然没有褪去。那不仅仅是伊帕尔罕年年濡染家乡的沙枣花香而带的植物香气，也不仅仅是一位让皇帝深感陌生的遥远西域的气息，更重要的是展示了一位少女愿将自己的青春赋予西域和内地、伊斯兰文明和儒家文明、维吾尔族和满族两个民族交流与友好的勇敢和大义。

在紫禁城内的几年间，这位西域美人就像家乡的沙枣花香从众多花香中独出一味一样，她从宫中众多的秀女、贵人、妃嫔中脱颖而出，成了清朝宫廷文献中记载的容妃，在后宫眷属中名列第三位。

作为一个穆斯林女性，伊帕尔罕将她的信仰和生活习俗带进了紫禁城。她严格遵守穆斯林饮食习俗，经常用沙枣花熏衣，“香妃”的名号因此而来。一个香喷喷的西域女子，用香味和魅力征服了清朝君主乾隆皇帝，也在百年后给予前往喀什的人们追忆和想象。

据《喀什噶尔史话》一书记载，乾隆皇帝还曾向伊帕尔罕学习维吾尔语。这位穆斯林女子让日理万机的皇帝不仅达到了会说维吾尔语的地步，据说还到了能用维吾尔文书写的程度。乾隆皇帝允许伊帕尔罕穿着本民族服饰出入皇宫，还专门下令在宫里增设了清真餐厅，聘请穆斯林厨师为她制作清真饭菜。同时，从喀什噶尔请来一支乐队，演奏另一位沙枣树下的美人——阿曼尼沙汗整理的十二木卡姆等西域乐舞，供伊帕尔罕排忧、娱乐之用。

乾隆皇帝还在宫中建了一个喀什噶尔花园，种上西域的玫瑰、石榴、白杨。因为沙枣树的生长环境和独特习性，使这种令伊帕尔罕最倾心的植物无法出现在宫中。每年沙枣花开的季节，她便走出宫中，到京郊的沙枣树下，沉浸在花香和对故乡的思念中。

魂归故里

据说香妃写过一首思乡诗，并请家乡来的乐师为它谱上古老的木卡姆曲调。

20 世纪初，三位法国女传教士在新疆时，曾在民间收集到据说是伊帕尔罕写的这首诗歌——

这，真像我的家乡：

故国轻柔的语调飞扬，将我家乡的歌儿唱——在那晨曦初透的时光，高塔的后方。但，相思仅止于斯，那只让我，想家想得更痴。

昔日同伴的语丝，才能将我把乡愁医治。这，真像我的家乡，却总让我更添惆怅。无尽的追忆，煎我愁肠，我呀，但愿能够遗忘。好意盖起的宫院，却是赝品一件。他要我的欢颜，我却卸不下心中的怨。为何翘首西盼？只为啊！我的家近在眼前，远在天边！

浓浓的乡愁和水土不服等，使伊帕尔罕的身体每况愈下，乃至后来卧病在床。有一天，乾隆皇帝问她还有什么心愿时，她说：“我渴望闻到一种树的香气——它长着银色的叶子，金色的果子。”她所说的便是沙枣树。其实，那时内地已经有了沙枣树，但是真正让伊帕尔罕牵挂的还是远在西域的家乡。

乾隆五十三年（公元1788年），55岁的伊帕尔罕离开人世，被安葬在河北遵化市清东陵的裕陵妃园。她的嫂子、和她一同进京的图尔地的夫人——苏德香，将香妃常年经沙枣花熏过的衣冠和遗物带回喀什，葬在位于17世纪中晚期伊斯兰教白山派首领阿帕克霍加的麻扎旁。阿帕克和卓曾经以喀什噶尔为基地，统治南疆六城，创建了天山以南第一个政教合一的和卓政权。

伊帕尔罕作为阿帕克和卓的重侄孙女，又是整个西域乃至穆斯林女性中，走进中原王朝皇宫的第一人，她的衣冠冢建在阿帕克霍加麻扎，在当地人心中是不存在什么异议的。这也是新疆众多麻扎中，有着独特历史内涵和文化内蕴的一处麻扎。

虽是衣冠冢，但香妃在这个葬有5代、72人的显赫家族墓地中占有一席之地，体现了她在西域穆斯林心目中的地位。后来，人们提起这里时，倒是遗忘了“阿帕克霍加麻扎”这一称呼，而是习惯称之为“香妃墓”。

新疆石人

在新疆阿勒泰市切木尔切克乡，有一个小山岗。山岗上有一堆黑色的大石头，在这堆石头前立着一个石人。这尊石人雕刻手法简单，圆形面颊，圆眼，方直鼻，小嘴，单线条的手臂。

在距离阿勒泰千里之外的博尔塔拉蒙古自治州阿尔夏提草原上，也矗立着一些石人。这些用白沙岩石精心雕琢的全身石人像，与切木尔切克乡的石人有着明显的区别。它们面部表情凝重，衣着讲究，俨然一副草原武士的英雄形象。

石人，是亚欧大草原上一种重要的文化遗迹。谁才会是这些石人的主人呢？这些风格迥异的石人背后，究竟隐藏着怎样的秘密？

谁在石上留下雕像？

在新疆阿尔泰山脚下一片辽阔的荒原上，有一堆黑色的巨石。当地牧民说，这是一堆铁陨石，用小铁锤能敲击出悦耳的音符。不过，专家分析认定，这可能是一种叫做闪长岩的含金属量很高的石头，是阿尔泰山的自然石。这些黑石头上，能辨别出简陋的人形。

沿着阿尔泰山继续往北前行，在阿勒泰地区布尔津县也格孜托别乡阿贡盖提草原上，也有十几座石人矗立在旷野之中。

目前，新疆已发现了200多尊石人，主要分布于阿尔泰山、天山、准噶尔西部山地的10个地、州、市境内。除了新疆，在内蒙古以及蒙古国、南西伯里亚草原，直至里海和黑海沿岸，都存在着石人。它们没有国界的区分，成为北方草原上一道独特的风景。

这些石人的主人是谁？由于现在生活在石人地区的民族，比如哈萨克族、维吾尔族、蒙古族等都没有立石人的习俗，因此石人的族属必须到古代民族中去寻找。

在中国北方草原，曾先后生活过鬼方、塞种、匈奴、突厥、回鹘、蒙古等游牧民族，这些民族长期处在频繁的迁徙和战争之中。而新疆是古代东西方经济文化交流的重要通道，古代众多部落、族群的迁徙和交往活动都在这里留下了印迹。

考古研究发现，阿勒泰地区在青铜时代已出现了墓地石人。这些石人与我国历史上记载的“鬼国”人的文化联系密切。

鬼国由若干个小国或者是部落组成，其中“独目人”和“穷发人”就属于鬼国人的两个附属国，或者是两个部落。据《山海经》记载，鬼国人的特征是：人的面部长一只眼睛，眼睛居于面部中央。而希腊历史学家希罗多德在《历史》一书中也有关于独目人的记载。

有关学者认为，这里所说的“独目”，很有可能是一种面具，说明该部落的人有戴面具的习俗，或者是以独眼面具作为该部落的图腾。类似这样的面具，在新疆的博尔塔拉和伊犁都曾出土过。

阿勒泰地区也发现了铁器时代的墓地石人。石人仅雕刻出了面部，皆立于墓葬的东边，面向东。其中男性石人居左，女性石人居右。从文化溯源来看，有学者提出这一时期的石人属于狄人文化系列，可以视为丁零人一支的文化现象。丁零、敕勒、铁勒，都是同一突厥语名称在不同历史时期的不同汉语译名。也有学者认为，这是呼揭人文化的遗存。呼揭是战国至汉朝时期活动在西北草原上的一个游牧部族。

公元6世纪中叶至9世纪，是草原石人的兴盛时期。这一时期的石人分布广，大多是具有写实效果的武士型石人。它们挂着佩剑和短刀，右臂上屈，手里拿着杯子，有的拿着罐子，左手抚剑或握刀，一副凛然威武的英雄气概。此外，他们穿的衣服也较为讲究，身着的长袍明显地雕刻出了双翻领或单翻领，面部雕刻也更具肖像化，大多佩戴耳环。从鼻子、眼睛、嘴的塑造来看，武士型石人有着较明显的个体形象特征。经学者考证，这些石人是古代突厥人的遗存，也是墓地石人。

突厥退出历史舞台之后，石人文化开始急速衰退。随着伊斯兰教在草原的广泛传播，石人便彻底消失了，这个时间的下限大约在公元11世纪。

武功的炫耀者？灵魂的守护者？

墓地石人，在历史上并不鲜见。文献中对石人的称呼有许多种，比如翁仲、巴巴、巴力巴力、杀人石等。不同的称呼，对石人就有着不同的解释。

我国最早发现新疆草原石人的，是清朝末年的旅行家徐松。他在《西域水道记》中记载了在新疆伊犁河以西发现石人的经过，并怀疑它们是古代军人墓葬的附属物，与唐代昭陵前的石翁仲一样。

翁仲是传说中的巨人，《淮南子·氾论》记载：秦始皇时期，在临洮这个地方有一个巨人，身高五丈，脚有六尺，人们按照他的形象，用金子铸造了一个塑像称为翁仲。后来，人们把铜像或墓道石像都称之为翁仲。

而“巴力巴力”、“杀人石”，这些古怪的名称又是什么意思？我国著名的历史学家岑仲勉认为，“巴力巴力”指的就是分布于亚欧草原的石人，它们是汉文献中记载的突厥“杀人石”。据《北史·突厥传》和《隋书·突厥传》记载，突厥战士生前杀一人，死后则在墓前立一石，有的成百上千，以此来昭示突厥武士的显赫战功。对此，考古学家王博提出了异议。他认为，突厥碑文中的“巴力巴力”指的是草原石人，但并非“杀人石”。

目前，较为流行的观点是，草原石人是萨满教的一种表现形式。在公元14世纪伊斯兰教进入草原之前，草原上的人们一直信奉着一种古老的神秘宗教——萨满教。萨满教崇拜自然，相信万物有灵。他们相信，石头是可以通灵的。人死了以后，灵魂不灭，会依附在石人身上。只要石人不倒，灵魂就不会消失。

此外，也有人认为，那些高大的石人，是男性生殖崇拜的象征。在草原上，男性在抵御外族入侵、狩猎游牧和社会生活中，都占据着主导地位。从新疆草原石人的演变可以看出，在青铜时代，生活在草原上的人们，对男女始祖的崇拜是并存的。而到了隋唐以后，就再也没有女性石人出现了。在突厥人雕刻的武士型石人当中，没有发现一尊女性石人。

北京的藏羌碉楼

到北京植物园游览过的人，大多会注意到园内环湖的坡地上矗立着 3 座奇怪的建筑——远看像楼房，近看像碉堡，四四方方，这就是碉楼。因经过修葺保护，碉楼的面貌完整。

在北京香山南路红旗村的团城演武厅（清乾隆年间建）院内，也有一座碉楼。它比北京植物园内的碉楼规模更大，保存更好，据说供当时大阅兵比武时使用。

像这样的碉楼，据说在香山一带共修建了 67 座。只是，随着时间的流逝，有的碉楼已坍塌消失，现存的也大多因年久失修而倾颓残破。

碉楼，本是西南地区藏、羌民族的传统建筑。北京城里的碉楼，是因何而建呢？

拥有 250 余年历史的香山碉楼

时间回溯至清乾隆年间。乾隆十一年（1746 年）春天，四川西北部金川土司叛变的消息传到紫禁城。起初，乾隆皇帝不太在意，因为从乾隆二年（1737 年）起，报告大、小金川土司内讧的奏折就没断过，乾隆的态度是隔岸观火，“以夷制夷”。

没想到战火越烧越大，大金川土司莎罗奔夺取小金川土司泽布的印信，又攻到明正土司所辖之地，“意欲吞并诸藩”。乾隆这才任命在平定苗民起义中有功的云贵总督张广泗为川陕总督，以川、贵之兵，进剿大金川。

征讨进行得很不顺利。张广泗在奏折中称，大金川四处皆山，陡峻无比，叛军在显要处皆建有防御性建筑——碉楼，很难攻取。

碉楼，最早的记载见于《后汉书·南蛮西南夷列传》：“依山居止，垒石为屋，高者至十余丈。”

这种石砌碉楼，状似城堡，高者十五六丈，矮的也有八九丈。每个碉楼的四周皆有方孔，外窄内阔。碉门外只设一根活动的独木梯，抽走独木梯，入侵者难以攀援。土司军队在此居高临下，远可射，近可砸，以守代攻，游刃有余。

至今，从岷江河谷的松潘、茂县、汶川、理县，直到大渡河上游的丹巴、金川、马尔康等地，高耸入云的碉楼依然随处可见。过去，在这片被称为“民族走廊”的地带，战争随时都会发生。因此，碉楼从诞生之初，就是战争防御体系的一部分。

乾隆本以为大、小金川方圆不过数百里，丁壮仅七八千人，平定起来还不是手到擒来，想不到“攻一碉难于克一城”。无奈中，他到老祖宗那里找经验，惊喜地发现：“开国之初，我旗人蹑云梯肉搏而登城者不可屈指数，以此攻碉，何碉弗克？”

于是，乾隆命令工部在北京香山脚下修筑了与金川碉楼相似的3座“复制品”，并从京城八旗子弟中选拔精锐2000人，成立了香山健锐云梯营。这是一支“特种部队”，每日模拟金川战争形态，进行攻打碉楼的操练。

乾隆十三年（1748 年）秋，乾隆处死办事不力的张广泗，以傅恒为经略大臣，率包括香山健锐云梯营在内的两万五千名清军入川平乱。次年年初，金川土司溃败乞降，头顶佛经立誓，决不再叛。

为了庆祝胜利，乾隆下旨在香山八旗营房附近修建碉楼，每旗 8 座。这 8 座碉楼中，有一座是“活”的，即内部空心，可以登临；其余 7 座都是“死”的，即内部实心，不能进入。这样，八旗共建碉楼 64 座，再加上原来的 3 座，这就成了香山 67 座碉楼的来源。

“番子营”和“金川番子乐”

香山碉楼并不是碉楼第一次在中原“还魂”。1920 年，英国传教士托马斯·托伦士到四川考察时，就认为秦代成都所筑张仪楼、唐代边关名将李德裕在各地所修建的筹边楼，以至当时居住在成都平原的汉人为了防止土匪侵袭修建的碉楼，都源自藏羌古碉楼。

香山碉楼无论从大小、高度还是规模而言，都无法与川西碉楼相比，只能算是碉楼的“简单版”。而碉楼的建造者，主要是金川战役中的“番人”战俘。

史载，第一次金川战役后，乾隆在北京香山建实胜寺，以记战功。实胜寺不远有个村落，名为“番子营”，来自金川的“俘番”就生活在这里。这一点，有乾隆十五年（1750 年）留下的御制碑为证：“朕于实胜寺旁造室庐，以云梯军士，命之曰健锐云梯营，室成居定……是营皆去岁金川成功之旅，适金川降虏及临阵俘番习工筑者数人，今附居营侧。”

乾隆在《御制番筑碉诗》中写道："番筑碉，不惟效劳，尔乃忘其劳。魋结环耳面頳幽頁，嗜酒喜肉甘膻臊。但得酒肉一醉饱，浑忘巴朗卡撒其故巢。"这首诗描述了建造碉楼的金川人的穿戴打扮，以及他们爱饮酒、喜食牛羊肉的生活习惯。

乾隆三十六年（1771 年），大、小金川土司再次反清，乾隆出兵平定金川，又有一大批"俘番"来到北京。乾隆四十一年（1776 年），乾隆在一首宴请将士的诗文夹注中就提到："阿桂等所俘番童，有习锅庄，乃斯甲鲁者（即番中傩戏也）亦命陈之宴次。"从中可看出，金川锅庄跳到了天子脚下，供王公贵族们欣赏。

此后，据史书记载，每逢节日庆典，"番子营"内的艺人都要被召入宫中，在太和殿表演民族歌舞、杂耍等，以藻饰太平。他们中除了战俘，还有金川当地的艺童和能工巧匠。艺童们表演的金川音乐，在《清史稿》中被称为"金川番子乐"。据说，"番子营"内最多时有 3000 余人。

曹雪芹曾与碉楼毗邻而居

在北京植物园的碉楼附近，就是曹雪芹纪念馆，这里也是曹雪芹故居所在地。一代文豪曹雪芹，正是在那里度过了下半生，并极其艰辛地完成了《红楼梦》的创作。

曹雪芹的先祖是满洲正白旗包衣出身。雍正年间，四代任江宁织造的曹家被抄家，曹雪芹随家人回京归旗，晚年就居住于香山脚下的正白旗村（黄叶村）。

在黄叶村生活时，曹雪芹经常和好友敦敏、敦诚、鄂比等登临古碉楼，饮酒赋诗，极目远眺。敦敏就有登楼畅怀的诗文："秋色召人上古墩，西风瑟瑟敞平原。遥山千叠白云径，清磬一声黄叶村。”诗中的古墩，指的就是古碉楼。

曹雪芹颇通医术，经常在香山脚下的村子中行医，因此踩出了一条“曹雪芹小道”。这样的经历，可以推断曹雪芹对“番子营”不会太陌生。实际上，他在《红楼梦》里就提到了“番子”。

《红楼梦》六十三回中，芳官说，愿意像小厮茗烟一样，随宝玉出门。宝玉笑道：“到底人看得出来。”芳官笑道：“我说你是无才的。咱家现有几家土番，你就说我是个小土番儿。况且人人说我打联垂好看，你想这话可妙？”

由于八旗一共只有 8 个可上的“活”碉楼，而“死”碉楼共 56 个，每旗都有 7 个，所以香山一带的旗人创造了一句俗语——“七死八活”，形容死大过活，指必亡必败的事物。无怪乎《红楼梦》里，袭人说晴雯“病得七死八活”还给宝玉补孔雀裘。而最终，晴雯确实因病而亡。

成吉思汗陵的“天字”谜团

普天下的历史谜团数不清，但能引起全世界的探险家、考古学者好奇并想一探究竟的，屈指可数。而成吉思汗陵，则是其中之一。近两百年间，已有100多支各国探险队四处探寻成吉思汗陵的所在，用的设备不可谓不先进，花费的人力、财力不可谓不大，时间耗费不可谓不长，但都以失败告终。迄今，成吉思汗陵仍是个令人眩惑的“天字号”谜团。

成吉思汗陵为何寻了八百年仍杳然无迹？陵墓里又埋藏了什么，引得人们前赴后继地去寻觅？

秘不发丧，万马踏平，成吉思汗死后成谜

公元1227年，一代天骄成吉思汗在征讨西夏时死于军中。关于他的死因，历来说法很多。按照《蒙古秘史》记载，在出征西夏前一年，成吉思汗在一次打猎时，从马背上摔下来受伤，并发起高烧。当时进攻西夏的计划已定，因成吉思汗身体不适，考虑退兵。但在使臣交涉过程中，西夏将领出言不逊，致使成吉思汗大怒，他抱病出征，最终死在军营里。

也有的说，成吉思汗是在与西夏作战时膝盖中毒箭，加之流动作战、天气炎热等不利条件，因而不治而亡；还有一些西方学者认为，成吉思汗是在宠幸一位从西夏俘获的妃子时，被这名复仇的妃子行刺，重伤而亡。

不过，相比成吉思汗的死因，更大的谜团是：他死后，到底埋在了何处？

按照传说和一些史料记载，由于蒙古与西夏的战事尚未结束，成吉思汗死后，蒙古军中秘不发丧，秘密下葬，以免扰乱军心，并给敌方可乘之机。为此，送葬的军队不仅沿途屠杀老百姓，最后这些送葬者自己也自尽而死，以防消息走漏。不过，成吉思汗密葬的更主要原因，还是源于蒙古人的宗教信仰和风俗传统，即死后回归自然，同时避免灵魂受打扰。

传说，成吉思汗下葬的地方，曾经以上万匹战马踏平土地，并以一棵独立的树作为墓碑。为了便于日后找到墓地，在成吉思汗的下葬处，当着一峰母骆驼的面，杀死其亲生的一峰小骆驼，将鲜血洒于墓地之上。等到第二年春天绿草发芽后，墓地已经与其它地方无异。后人在祭祀成吉思汗时，便牵着那峰母骆驼前往。母骆驼来到墓地后因想起被杀的小骆驼而哀鸣不已。祭祀者便在母骆驼哀鸣处进行隆重的祭奠。可是，等到那峰母骆驼死后，就再也没人能够找到成吉思汗的墓葬了。

那么这种传说有没有根据呢？据《蒙古秘史》记载，蒙古皇族下葬后，先用几百匹战马将墓上的土地踏平，再在上面种草植树，方圆这一大片地就被称为“禁地”，有人守陵，不让外人进入，直到地表不露任何痕迹守陵人方可离开，知情者则会遭到杀戮。

所以，不仅是成吉思汗，元朝蒙古帝王都以“埋藏地点不立标志、不公布、不记录在案”的密葬方式下葬，导致他们的陵墓都无迹可寻。但是，为什么人们唯独对找寻成吉思汗陵的兴趣如此之大呢？一方面固然是因为成吉思汗是开山之祖，其成就子孙无可企及，另一方面则是因为成吉思汗时代开疆拓土，大军横扫欧亚，铁蹄踏破几十个国家，后人相信他东征西讨得来的各国奇珍异宝，一定会在其陵墓中埋藏。

有人认为，成吉思汗陵墓中所藏珍品将比秦始皇陵出土的兵马俑还要壮观。考古学家则认为，成吉思汗陵一旦被发现，将不啻为考古界最重大的发现，或许会对揭开当时的文明和历史有重要意义。

不遗余力，找寻成吉思汗陵

茫茫大地，成吉思汗到底葬身何处呢？一直以来，人们找寻各种蛛丝马迹，各种说法也层出不穷。

其中，最被认可的说法是，成吉思汗应葬在蒙古国乌兰巴托东部的肯特山（不尔罕山）南、克鲁伦河以北地方。因为据《蒙古秘史》记载，成吉思汗年少时曾受不尔罕山庇佑，躲过仇人的追杀，因此一生钟爱此山，并表达过死后葬于此山的心愿。历史学家推测，成吉思汗后裔应该遵照他生前意愿，将其归葬不尔罕山。

2000 年 8 月，美国的探险家、亿万富翁穆里·克拉维兹率领由科学家、考古教授和翻译组成的考古探险特别小组，来到乌兰巴托寻找成吉思汗陵墓。克拉维兹的计划起先遇到蒙古国政府的抵制，后来他在蒙古生活了 6 年，才说服了蒙古政府并吸引了两位著名的当地历史学教授加入探险。2001 年 8 月 16 日，克拉维兹的考古队在乌兰巴托东北 300 多公里处的森林中发现了一个城墙环绕的墓地，里面包括几十座没有打开过的陵墓。探险队由此向外界宣布“找到了成吉思汗的陵墓”，但后来被证明是匈奴墓。

2002 年 4 月，这个考古队在乌兰巴托东北 322 公里处的肯特省巴士利特镇发现了一个由城墙环绕的墓地，里面至少包括 30 座没有打开过的陵墓。这个古墓被称“非常可能是成吉思汗的陵墓”。然而，4 个月后，考古队突然放弃挖掘行动并撤出蒙古。有传言说，在考察过程中，美国考古队的一些工作人员被陵墓墙壁中忽然涌出的毒蛇咬伤，而他们停放的车辆也无缘无故地从山坡上滑落。有人说，这是成吉思汗显灵了，就像当年挖掘埃及图坦卡蒙陵墓的探险家纷纷离奇死亡一样，这是对掘墓者的诅咒。本来蒙古民间就相信挖掘土地会带来坏运气，这一下民间反对之声四起，蒙古国政府只好勒令考古队停止挖掘。

除了美国，日本、蒙古也组织了联合考古队，从 2001 年起开始找寻成吉思汗陵。2004 年，他们在距离乌兰巴托约 150 英里的阿夫拉加市达尔根哈安村附近，发现一座建在四角形基座上的灵庙遗址。灵庙下方的石头平台下方藏有许多坑洞，里面埋葬着许多战马的骨灰和遗骨。调查团认为这是为祭祀成吉思汗而烧马等“烧饭”仪式的证据，而距灵庙的方圆 12 公里之内就能找到传说已久的成吉思汗陵墓。可是，这一说法最终没了下文。

据说，日本、蒙古的联合考古队动用了地雷探测器等先进设备，几年内在肯特山附近发掘了两三百座古墓，最终还是铩羽而归。另一位叫林宇平的美籍华裔科学家，则率领科研小组利用卫星技术，对采集的从蒙古到中国再到西欧沿海港口的卫星高清图像进行分析，分成 8.4 万多个区域，寻找可能的建筑遗迹或地下文物痕迹。3 年的工作成果是发现了 200 万个可能的挖掘目标，最终将目标缩减至 100 个。但这项工作似乎最后也不了了之。

这就是说，即便成吉思汗真的下葬于肯特山附近，但其方圆 1.2 万平方公里的土地，也是很难找寻的，至少到目前为止所有的努力都还是徒劳无功。

成吉思汗可能的埋藏地知多少

那么，成吉思汗是否不葬在肯特山附近，而葬于别处呢？不排除这种可能性。通过近年来考古人员的考古发掘，发现了几处可能埋藏成吉思汗的地方。

一是在宁夏六盘山。有记载，成吉思汗是在攻打西夏时死于六盘山附近。专家据此认为，按照蒙古族过去的风俗，人去世 3 天内就应该入葬，或者天葬，或者土葬，或者火化，为的是怕尸体腐烂，灵魂上不了天堂。而且当时正值盛夏，尸体易腐，因此成吉思汗就地安葬的可能性很大。

二是内蒙古鄂尔多斯市鄂托克旗境内的阿尔寨石窟。这里离伊金霍洛旗埋藏成吉思汗衣冠的成吉思汗陵相聚不足 200 公里，其地貌、地名等特征及石窟内的壁画，与《蒙古秘史》《史集》《蒙兀儿史记》等史料中有关成吉思汗葬地的描述极其吻合，并且石窟曾是成吉思汗养伤时所住。

三是新疆阿尔泰青河县境内“三道海子”的地方。这里与蒙古国交界，境内有成吉思汗西征大道遗址，境外有成吉思汗大军驻扎的营帐遗址，是个森林繁茂、能屯兵百万的地方。这里有十几个大小不一的石堆建筑，最大的高 25 米，石头上有很多壁画。当地人相信成吉思汗就葬在最大的石堆下面。

四是河北张家口的马耳山。蒙古人爱马，而马耳山形似低头饮水的骏马，主山坡上由西至东隐现出一个个巨大的生肖图案，可以辨出来的有马、兔、猪、蛇、鸡、鼠、虎，据称与部分蒙古帝王生辰年生肖吻合。马耳山的一座邻山被削去大半，疑为修陵取石料、烧石灰所用。附近乱坟岗遍地，约有数十万人曾葬于此。

尽管这些地方客观上有一定的历史遗存或者历史合理性，但都没有直接物证来证明与成吉思汗陵相关，因此也没有得到学术界的普遍认可。

成吉思汗根本没有陵墓?

在陆地上寻求成吉思汗陵屡屡受挫后，有人提出一种新观点：成吉思汗没有土葬，而是用其他方式下葬。

水葬说。传说成吉思汗西征途中曾经过今吉尔吉斯斯坦的伊塞克湖，非常喜欢。他死去后，子孙将其遗体以及大量随葬品秘密地运到湖边，在这里制造了一个巨大的石棺，将遗体、财宝等装进棺材中后沉入湖底。在伊塞克湖底，的确已经发现一个古城堡遗迹，考古学家们从湖底打捞出部分古代的生活用品及钱币，经鉴定是成吉思汗时代的物品。吉尔吉斯斯坦的不少历史、考古学家坚信，成吉思汗的陵墓就在伊塞克湖底。

天葬说。1935 年，在内蒙古达拉特旗挖出过一个小铁柜，里边放一本破旧的黄色蒙文书，是元朝将领突拔都的出征日记。日记里说，成吉思汗在出征中突然死去，将领与军士都十分悲痛。官员们议定，要给大汗举行天葬。由马驮着大汗的遗体向草原奔去，3

天后寻着马蹄印找到马，遗体已不知去向，蒙古人相信大汗的灵魂通过动物之口已升天。

如果成吉思汗死后真的实施的是天葬，那么肉身不在，所谓成吉思汗陵自然也就根本不存在了。之前的找寻，都陷入了“入土为安”的误区。

那么，位于内蒙古伊金霍洛旗境内埋藏成吉思汗衣冠的陵墓又是怎么来的呢？

按照突拔都日记的说法，大汗死后第二天早晨，拉战车的神驼（白骆驼）和成吉思汗原来骑的白马都跑到灵前并排站着。一会儿，成吉思汗的白马用头碰地，脑袋破裂，当即死去。成吉思汗的衣服、帽子、宝剑等遗物，被用香熏过后放在一只七宝箱里，让那头白骆驼拉上，在沙漠里走了 47 天，到了一块平漠洼地，白色骆驼再也不走了，大汗的宝剑突然飞走，大汗的衣服、帽子也放出异彩。大汗的臣民们以为大汗喜欢这个地方，便把那七宝箱葬在这个平漠洼地里，并派人保卫守护。之后，又派人出去寻找那把飞走的剑，竟在一百里以外的草原上找到了，便在那里修了放宝剑的宝库。

日记里提到的平漠洼地，就是现在的伊金霍洛，七宝箱就是成吉思汗的银棺，宝剑飞落的地方，就是后来的苏勒定霍洛。蒙古人遂在伊金霍洛建成吉思汗陵，在里面供奉银棺。

有专家认为，按照记载，成吉思汗去世时，拿白色公驼的顶鬃，放在成吉思汗的嘴上和鼻子上，如果不喘气了，说明灵魂已经附着在这片白色驼毛上，这时遗体就可以处理掉，而把这团驼毛保存在衣冠冢里。而 20 世纪 50 年代成陵落成时，曾经打开过银棺，发现了这团驼毛，也就是成吉思汗的灵魂吸附物。

如果这种说法成立，那么如今伊金霍洛的成吉思汗陵就不仅仅是一座衣冠冢这么简单。八百年来，守陵人达尔扈特人世世代代对这座陵墓的守护，就显得更为神圣了。

元上都

2012年6月29日，经联合国教科文组织第36届世界遗产委员会投票表决，一致通过中国元上都遗址列入《世界遗产名录》。在这个夏天，元上都以绿草如茵的草原景观和厚重的人文历史正式对外开放。此举也表明，国人可以走进这座忽必烈下令营造的第一座都城，感受其游牧文明与农耕文明、东西方文明相交融的魅力。

金莲川草原深处，缘何出现“上都”

谈起元上都来，内蒙古锡林郭勒盟人脸上写满了自豪感：“元上都遗址在金莲川上，那可是风水宝地，这些年老听很多地方有地震，可谁听说过金莲川一带有过地震，这是建过都城的风水宝地呀！”

路边，茵茵绿草尽情地接受着灿烂的阳光和阵阵凉风的抚摸。这片宽大的绿毯中，发源于燕山山脉的闪电河，像一条白练不规则地铺在绿草中间，流水无言地叙说着这片土地上曾经承载的辉煌，最辉煌的一笔当是这里有过元帝国的都城——上都！

正像这里的一首歌里唱到的：“金莲川的花儿不会忘记你，带伤的石人像不会忘记你，倾圮的城墙不会忘记你，残破的旌旗不会忘记你，忽必烈汗，忽必烈汗……”

早在公元1242年，忽必烈就曾经请中原佛教领袖海云法师到漠北“问佛法大义”，海云后来南返时，将自己的弟子刘秉忠留在了忽必烈身边，这位被称为“忽必烈身边的诸葛亮”的青年才俊，开始为忽必烈政权运筹帷幄并招纳中原人才。

公元1251年，36岁的忽必烈听取了刘秉忠的建议，将金帐扎到了美丽富饶且宜于力量强大后南下进攻中原的金莲川。忽必烈还让刘秉忠负责建立了“金莲川幕府”，其“征天下名士而用之”的政策，使金莲川成了当时最吸引人才的热土。

公元1256年，刘秉忠建议忽必烈在今锡林郭勒盟正蓝旗东北25公里处建造一座草原上的城池——开平府。公元1260年，开平府建成，这就是后来逐渐聚焦世界眼光的元上都。

草原明珠，曾经的世界“心脏”

世界遗产委员会对元上都的评价是——元上都遗址作为草原都城遗址，展示了文化融合的特点，见证了北亚地区游牧文明和农耕文明之间的碰撞及相互交融。

当初，作为汉人的刘秉忠在设计元上都时，将中原建筑风格巧妙地融进其中，使这座草原都城承载了草原文明和农耕文明的诸多文化基因。后来，随着元帝国的势力强大，西方文明逐渐也传入这座古城中。

虽然，古城早已消失，但站在闪电河北岸的龙岗高地上，放眼远望，远方的山峦犹如修长的臂弯拥抱着古城遗址，隆起于地面几米高的土台更是位于这种拥抱的核心点上，能清晰感受到中国古代风水在这里的运用，也能感受到英国大诗人柯勒律治描绘为 Xanadu（梦幻花园）的元上都之魅力。

整个遗产区面积 25131.27 公顷，包括整体格局清晰、保存完好的上都城、关厢、防洪渠、墓葬群等遗址遗迹；缓冲区面积 150721.96 公顷，涵盖了敖包群和保留至今的蒙古族“敖包祭祀”等传统人文景观以及湿地、典型草原、森林草原和沙地等特色景观。

正如考古学家魏坚所说：“城是一片废墟，但这是拥抱着巨大文明的废墟。就遗址而言，它比我所见过的任何遗址都要完整，城垣、街道、城门清清楚楚，损毁的建筑遗址都在原地。我们都能知道这是哪个阁，那是哪个殿。”

1260 年，忽必烈在这里登基。4 月，上都设立中书省，总领全国政务。“省”作为地方一级行政区域名称，一直在中国沿用至今。7 月，忽必烈下令在开平府发行纸币，使金属货币制度发生了重大变革。1263 年，忽必烈将开平府升为上都。1271 年，忽必烈定国号为“元”，改中都为大都（即现在的北京），从而确立了两都巡幸制度。但在当时，忽必烈大部分时间住在上都。同年，元上都开始大兴土木，进行扩建，最终形成了北方草原上规模最宏伟的一座都城，成为当时东方乃至全世界的政治、经济、军事、文化中心之一。

元上都是蒙古游牧民族创建的世界性大帝国元王朝的第一个都城，在其作为都城的时期，中国四大发明中的活字印刷术、指南针、火药及元代创制的火铳（最早的火炮）等传播到欧洲；而西亚、欧洲的数学、天文学、宗教、艺术、医药学，也在同一时期传到了中国。

1275 年，马可·波罗随同其父亲、叔叔，从意大利威尼斯来到中国。在元上都的宫殿里，他们觐见了忽必烈皇帝。此后，在中国度过了 16 年的马可·波罗回国后口述了《马可·波罗游记》，书中第一次把元上都介绍给欧洲人，令中世纪的欧洲人羡慕不已。

1797 年，英国诗人柯勒律治在阅读了《马可·波罗游记》之后，于心驰神往中写下了著名诗篇《忽必烈汗》："忽必烈汗在上都曾下令造一座堂皇的安乐殿堂……那里有花园，蜿蜒的溪河在其间闪耀，园里树枝上鲜花盛开，一片芬芳。"这首诗发表后广为流传，并引起了欧洲贵族雅士对元上都的向往。他们学着诗篇将这座由宫殿、草原、森林、溪流构成的都城，称为 Xanadu，至今欧美人士仍用这个名字形容神秘美丽的地方。欧洲的天文学家还用它给土星的第六颗卫星命名。

见证多种文明交融的世界文化遗产

元上都遗址的繁华景象不再，但它作为元帝国辉煌历史的实物见证，影响仍然深远。那么，那些见证忽必烈的第一座都城的文物哪里去了呢？

在正蓝旗旗府南边的元上都博物馆里，人们发现了它们的行踪。2009—2011 年，经国家文物局批准，元上都遗址局部考古勘探和发掘工作正式启动。3 年中，共发现房屋遗址 1000 余座，建筑台基近 700 处，出土遗物数千件，道路 30 余条，积水湖泊 5 处。文物考古发现充分说明元上都自明初废弃后，长期处于自然保存状态，真实、完整地保存至今，地下埋藏有十分丰富的历史文化遗存。

通过查阅历史资料可知，这里在建筑上不仅吸取了农耕文明和草原文明精华，而且在建成后，出现了“回回司天台”。从西域甚至中亚、中东地区而来的穆斯林天文学家们纷纷走进这里，在阿拉伯天文学家扎马鲁丁的带领下，制造出了世界上最先进的天文仪器，并主持编修了全国地理志和全国彩色大地图。

来自中原的天文学家、水利学家郭守敬更是从这里领命出发，在东至朝鲜、南到越南、北到里海、西至云南的 27 个地方设立了观测点以测取日影，并在元上都完成了中国古代历法上最精确且施行时间最长久的历法——《授时历》。

罗马教皇的使者、印度和尼泊尔的藏传佛教高僧、高丽国的国王、驻帐在欧亚等国的蒙古王公等，都不远万里来到上都，觐见元朝的皇帝，使这里逐渐接纳越来越多的文明。藏传佛教、道教、伊斯兰教、基督教、萨满教及摩尼教等宗教文化，也在这里找到了各自的席位。

悬棺解

2011年8月，一名男子因夜闯江西龙虎山悬棺洞，并在洞内度过惊魂一夜而被众网友称为“古墓哥”。可见，即使已存在千年，人们对悬棺的兴趣仍丝毫不减。如果“古墓哥”知道在贵州省境内至今还保留着悬棺葬的习俗，估计他也要跑过去一探究竟。现在，我们就从贵州省荔波县瑶麓乡悬棺葬开始，对千古悬棺之谜进行一场“医学解剖”。

活生生的悬棺葬

对于很多人来说，广泛存在于我国南方的悬棺一直是个谜。千年以来，人们面对峭壁，仰望悬棺，做出种种猜测。有人说是背棺人爬上去放置悬棺的，有人说是神仙用金线把悬棺吊上去的。至于悬棺里面有什么，更是越传越神，甚至还有人说位于四川境内的悬棺里藏着诸葛亮的兵书。

2009年，贵州省荔波县委宣传部发布了荔波县的瑶族人民至今还保留着悬棺葬习俗的新闻。消息称，该县的悬棺洞葬与省内其他地方类似遗迹正一起申报第七批全国重点文物保护单位。

在贵州荔波工作的黎宪友曾对当地瑶族的聚集地——瑶麓瑶族乡进行探访。黎宪友说："如果当地有人要安葬，村里的瑶族乡亲会趁着夜色，打着火把，由瑶族小伙子把棺材运向不远处的山坳。小伙子们抬着棺木钻过荆棘，前拉后推地把棺木弄到半山崖的洞穴中。然后任何人都不能回头再看一眼，必须一起转身离开，不再惊扰棺材里的逝者。"

现实版的悬棺葬和人们眼中高不可攀的悬棺似乎有些差距。四川省民族研究所研究员陈明芳曾专门给悬棺葬下过定义。她认为，为了区别于土葬、火葬、水葬等葬俗，可以把我国南方在崖上安葬逝者的葬俗统称为悬棺葬或者崖葬，再根据各地、各个时代、各种类型崖葬的特征和历史渊源分别加以命名。

荔波瑶族延续的悬棺葬属于崖洞式葬俗。顾名思义，崖洞式就是把棺木安放在岩壁间的天然缝隙或洞穴内。此外，悬棺葬还有其他方式。比如，木桩式，就是人工在崖壁上凿孔并插入木桩，再把棺木放在上面；崖窟式，就是在悬崖峭壁间凿出空间来安放棺木。但是，这两种葬俗现在已难觅踪迹了。

悬棺如何放上去

让那位"古墓哥"痴迷的江西龙虎山悬棺洞，位于龙虎山上，其山壁光滑平展，岩脚下便是泸溪河，最高处的悬棺离水面有 300 多米。悬棺是怎么放到峭壁上的呢？

上海同济大学教授陆敬严等人曾借助滑轮、绞车等工具试验了一种悬棺安放方法。现在，这种方法被龙虎山景区借助现代设备开发成"悬棺仿古吊装表演"。这种表演要 5 个人互相配合：一人在崖底观察、指挥，另外4人登上崖顶，在崖顶打入钢钎，并固定上滑轮等起重设备。4人相互配合着，利用滑轮和绳索将棺木吊放到崖洞中。

问题是，古人并没有钢钎等现代设备，在崖顶也没有为安放滑轮而凿出的坑洞。千年前，古人究竟用何种方法安放悬棺，归根结底还是个谜。

同样难解的谜团还有位于四川珙县的僰人悬棺。没有人知道，在古代，生活在四川的这部分僰人究竟是如何把100多公斤重的棺木运上悬崖的。有人说，他们是等到河水高涨时让棺木浮上去的；也有人猜测，他们是运用堆土或者搭建木质架构来接近悬崖峭壁的，其原理和古代大型工程建造方法一样。

现在，云南省文物考古研究所所长刘旭有了新的发现——他看到，位于四川珙县悬棺棺木下的崖壁上有孔洞痕迹。透过排列的孔洞可以推测，僰人也许是通过修筑栈道，一步步地接近悬崖之巅，然后把棺材一步步抬上去的。只不过，这些栈道早已湮没在历史长河中。有关专家在福建武夷山地区的悬棺周围，也发现了一些孔洞。这些孔洞连成一串，最长可达数十米。至此，悬棺的放置方式似乎也找到了一些合理的解释。

与此同时，有考古专家在福建武夷山悬棺棺木上发现了凿孔和绳子的勒痕。于是，有人想到了江西龙虎山的“悬棺仿古吊装表演”，似乎悬棺升吊法也找到了证据。

探寻了这些地区的悬棺，让我们再回到贵州。在贵州安顺格凸河畔，当地的悬棺之谜通过对“蜘蛛人”的研究被渐渐揭开。

就像美国电影《蜘蛛人》的主角蜘蛛侠一样，格凸河畔的有些攀岩高手也被称为“蜘蛛人”。据说，最先学攀岩的“蜘蛛人”，就是为了把棺木弄到悬崖上。学会攀岩的人，不但要运送棺材和逝者，还必须懂得丧葬的祭奠礼仪。

格凸河文化顾问林明璋曾对“蜘蛛人”进行过研究，他说，当地管“蜘蛛人”叫“戈若”。“戈若”有世代相传的攀岩本领，他们把一块块木料背上崖洞，然后在崖洞里组装棺材，最后再把逝者背上去，放入棺材。

格凸河两侧的山谷虽然陡峭，但有很多凹凸不平之处可供“蜘蛛人”攀爬，而江西龙虎山和四川珙县的悬棺崖壁几无立锥之地，即使今天借助攀岩设备，也很难爬上那么高的地方。另外，据考古专家考察，四川珙县僰人悬棺是用整块楠木掏空做成的，即使通过栈道把沉重的棺木抬上去，也绝非易事。

悬棺背后的文化信息

千年来，沿袭悬棺葬习俗的人们靠着简陋的工具和人力完成了不可能完成的任务。为什么这些先民要费尽心思，在悬崖峭壁上安置棺木呢？有人说，这与远古先民的岩居习惯有关，山上的岩洞不仅是生前的居所，也是安息之地。更多的人认为，这来源于一种宇宙观念，很可能是古人对山岳崇拜仪式的体现。

福建省博物馆研究员梅华全介绍，武夷山风景区方圆 70 公里的范围内，现在有 20 多个地方有古闽越国先民的悬棺。现在，通过武夷九曲溪的人们还能看到这样的景象：一些安放悬棺的洞穴旁放置着木板，这些木板被当地人称为“虹桥板”或者“金扁担”。有人认为，武夷山先民为逝者考虑得很周到，为了能让逝者灵魂出入方便，就在悬棺旁架设了桥梁。

福建省博物馆副馆长陈龙认为，中华民族有一种对天的崇拜，希望尽量靠近天，所以悬棺放在高高的山上。这种文化观念对于后辈而言是“弥高至孝”，即棺木放置得越高，说明后辈对逝者越孝顺。当然，在动荡年代里，悬棺还能防止被战火毁坏。陈龙认为，我国南方水系发达，如果把棺木放在很低的地方，一发水就冲掉了，而放置在高处，就能减少自然灾害的损坏。另外，悬棺还具有防止野兽侵袭、便于长久保存、节约耕地等好处。

四川省民族研究所研究员陈明芳认为，从一些流行悬棺葬地区的悬棺可以发现，这些由整木挖空制成的棺材与独木舟类似，而船也是这些地区的重要交通工具。同时，在西南很多地区，甚至东南亚一些国家发现的悬棺葬俗都起源于近水而居的民族，这都体现了海洋民族的文化特征。

延续千年的悬棺葬俗蕴含着太多的谜题，不过高崖上的悬棺有助于我们对这些民族文化的研究。当人们抬头惊叹一座座悬棺时也许相信，崖壁间的悬棺是逝者从冥界进入天堂的中介，高崖则成为生命另一次旅途的起点。

那　人

黑齿美人

明眸皓齿，齿如编贝，齿如瓠犀……自古至今，中原地区的审美传统，都以牙齿洁白为美。然而，在南方的少数民族中，却有以牙黑为美的。在云南新平彝族傣族自治县，就能见到不少满口黑齿的花腰傣妇女。

花腰傣是傣族的一支，主要聚居在哀牢山中段的河谷地带，与在西双版纳居住的傣族在服饰和生活习俗上有很大区别。

最初见到花腰傣妇女露齿一笑，黑牙闪亮，人们都会感到惊讶。但了解到她们染齿的原因后，也就能理解她们为什么以牙黑为美了。

在新平嘎洒镇一户花腰傣人家，年约半百的女主人有一口黑牙。她介绍，自己是靠一种她们称之为“玛麻”的草来染齿的，这种草在田埂上不难找到。说着，她就拿出用塑料袋装的“玛麻”，随便抓起一把塞进嘴里嚼起来。

看她嚼得有滋有味，惹得人们也好奇心动，抓几根“玛麻”来尝，但觉味道涩苦，还带着草腥气。而女主人嚼了好几分钟才吐出来，接着又塞进一把“玛麻”继续嚼。如此两三次，方用水漱口。

女主人说，她从 10 岁就开始嚼“玛麻”，连续嚼了几个月后，牙齿开始变黑。为了保持牙齿始终黑亮，她每天都要嚼“玛麻”，这习惯就像我们刷牙一样自然。如果哪一天不嚼“玛麻”了，牙齿就会渐渐褪掉黑色。

染齿，不仅有以黑为美的审美心理，还有实际的保护功用。因地处亚热带地区，傣族人喜食酸、甜食物，而这两种食物极易腐蚀牙齿。染过牙后，花腰傣妇女就不易得龋齿，也很少患口腔疾病，即便到了七八十岁也很少脱牙。

花腰傣妇女染齿的方法多种多样。有的是将“玛麻”果与硝石一起放在石臼中捣碎，放入锅中加水煮沸搅拌，待水干成泥状，放在芭蕉叶上，每晚睡前敷在牙齿上，连续几个晚上，白牙就变成墨齿了。此后，还要每晚在睡前嚼“玛麻”果。

其实，除了花腰傣妇女，在西双版纳的基诺族寨子也能看到那些成天嚼槟榔，从而将牙齿染黑的妇女。黑齿，在南方少数民族中并不鲜见。那么，这种染齿的习俗起于何时呢？

唐代樊绰著《蛮书》卷四载：“黑齿蛮、金齿蛮、银齿蛮……黑齿以漆漆其齿。”虽然作者对“以漆漆其齿”的方法没有具体记载，但足见染齿习俗由来已久。

根据一些学者的研究，现在新平县的花腰傣是古黑齿族的直系后裔。黑齿族曾在云贵高原建立了大滇王国，战国时期大滇王国被庄蹻率领的楚军摧毁，黑齿族人大部分迁往东南亚各国，一部分留在云南，还有一部分移往贵州建立了一个小黑齿国，至汉武帝时归顺西汉朝廷。

今天花腰傣妇女的染齿习俗是否起源于古老的黑齿族传统，这很难考证。但有一点可以肯定，随着岁月的变迁，这种习俗在走向消亡。

在新平，现在仍保留黑齿的都是三四十岁以上的已婚妇女，因为在她们年轻的时候，不染齿还被认为是不美的，有嫁不出去的危险。随着审美观念的演变和健齿手段的多样化，如今的年轻女孩已不愿染黑齿了。

最早的炼丹人

丹砂，也称朱砂，大概是中国人最熟知的化学物和中药材了。那一点殷红，凝结了中国人的悠悠情怨。多少帝王将相为求长生不老而寻找、提炼、服食“仙丹”，更有人为此而亡。丹砂被古人视为神赐之物，而炼丹对我国巫文化产生了深远影响，同时推动了化学的发展。那么，丹砂最早是被谁发现的，又从何而来呢？

考古发现的“丹砂之路”

2010 年 9 月，贵州省文物考古研究所在贵州省务川仡佬族苗族自治县的大坪镇龙潭村，对 11 座汉代墓葬进行了抢救性发掘，在其中一座古墓中发现了 200 多粒朱砂矿颗粒。专家将其与当地矿山中的朱砂和冲沟内淘洗出的朱砂做“S”（硫）同位素检测，证明两者完全一致，也证明务川享有“丹砂古县”之誉是名副其实的。

考古专家解释，在墓中撒朱砂，可能象征墓主富裕，也可能与某种宗教信仰有关。古墓位于洪渡河两岸，旁边是峭壁，并不是适于农业生产和生活的地区。在此出现如此密集的汉墓，唯一的解释是这里在 2000 多年前就是比较发达的开采、提炼朱砂的地区。

朱砂，即硫化汞。众所周知，古代皇帝的批文用朱砂书写，叫“朱批”，用丹砂写成赐给有功之臣世代享受优遇或免罪的凭证叫“丹书铁卷”。到两汉时，朱砂的使用已十分广泛，可作颜料，可入药，可炼水银，更是方士炼丹所必须的原料。

务川既是丹砂产地，那么大量丹砂是如何进入中原的呢？考古专家发现，务川的古墓面貌与三峡地区的汉墓面貌大致相同，出土器物也有相似之处。专家们据此初步判定，洪渡河经重庆涪陵注入长江的这个水上通道，也许正是当年贵州与中原进行矿物交易的“丹砂之路”。

据明嘉靖《思南府志》记载，在明代，务川朱砂的开采极具规模，民以采砂为业，商贾辐辏。可见，至少到明代，务川对中原的朱砂贸易都是十分畅通的，“丹砂之路”也是财富之路。

新中国成立后，地方国营务川汞矿厂于1953年成立，1965年改名为务川汞矿，20世纪90年代后开始衰落，但民间炼汞依然活跃。直至近些年，由于国家对于环境保护、矿山安全管理的加强和农村产业结构的调整，民间炼汞受到限制，才开始有所减少。

仡佬人，最早获取丹砂的民族

务川，自古就是仡佬人的居住地。而仡佬族，也就成了世界上最早发现和开采丹砂的民族。

2008年9月，贵州省仡佬学会的付尔光、郑继强、田金海等专家遍访黔、滇、桂等省区的仡佬族聚居区，在黔北一户人家中寻找到了传说中的仡佬族“天书”《九天大濮史录》。这本古籍最早成书于南宋，用汉文和仡佬文对照记录而成，其中仡佬文用朱砂书写。此后，专家们又发现了《濮祖经》和另一本纯仡佬文的《九天大濮史录》。

在仡佬族的这些宝贵古籍里，对仡佬先民如何发现、使用朱砂，有详细的记载。专家们通过翻译解读，还原了这一历史过程。

仡佬族的祖先史称濮人，夏代时濮人就建立了自己的国家——大元国。《夏书》记载，那时人们把在大山中生活的濮人视为“天之子”、“人中精灵”，而他们的朱砂则是神物。

那么，濮人是如何得到朱砂的呢？传说，远古时，一个叫巫信的青年在打猎时，掉进一个红水坑。他爬起来后，满脸都是红的，野兽看见他就害怕了。此后，猎人们就故意将脸抹红，以威吓野兽。这就是朱砂的发现。

商汤王当政后，非常贤明，远近归附，濮人也上表归附，从此开始向商王朝献朱砂。这时的朱砂，主要用于祭祀，代表驱邪祈福。

商代时，一个叫鬼注的青年无意中将朱砂石放在柴火上，结果燃烧后形成了水银（汞）。周文王从濮人那儿学会了炼水银的方法，此后传给子孙。周朝的历代君王相信，他们亲自炼的水银，死后放在自己的口中、手心、脚心等处，会助自己上天成仙。

秦始皇统一中国后，派人到处寻找“长生不老药”。博士淳于越说：“濮地一仙山，藏有不老丹。七鹰天上看，八兽把丹关。一条河隔断，要想得到难。”他说的地方，正是务川。从那时起，就不断有方士术士前往务川炼取“不老仙丹”。

汉武帝时，为了方便术士们进入濮地，笃信长生术的汉武帝开发了西南夷。公孙卿率方士 30 余人深入务川大坪龙潭，架灶为汉武帝炼“长生不老丹”。公孙卿对汉武帝说：“西南濮夷天之子，人之精，天赐朱瑞献武帝，濮地仙山长生源。”

到了东汉明帝时，汉明帝听说务川仙山里藏有不老丹，就率领一批王公贵族到濮地，朝拜仙山，并开通了朱砂交易通道，建立集市，废除朱砂赋税，还提倡汉濮通婚等。此后，左慈、葛洪等著名道士先后来到务川大坪架炉炼丹，著书立说。

东汉安帝刘祜，因对濮人不满，贬濮人为“僚”，此后，濮人的称呼被“僚”代替，直至隋唐时期，逐渐形成仡佬族。隋唐时代，由于道教外丹极为兴盛，务川大坪成了“长生不老丹”的炼丹中心和炼丹原料的供应地。

随着仡佬族朱砂开采经验的积累，加之朱砂利益的推动，仡佬人开始到南方各地区发掘新的朱砂矿源，进而开采。贵州道真、开阳、铜仁以及湖南湘西一带，都陆续兴起了朱砂开采业。

可以说，从远古时期到近现代，以丹砂为媒，仡佬族与中原的交往从未中断过。

“丹砂文化”的延续

“丹砂造就了仡佬族，但是丹砂也部分地毁掉了仡佬族。”在谈到丹砂对于仡佬族的影响时，贵州省仡佬学会副会长郑继强作出了这样矛盾的评价。他认为，最早发现和开采丹砂，说明了仡佬人的聪明才智，但是仡佬人也因为拥有丹砂而引起外界的觊觎，从而遭到杀戮驱赶，最终从一个人口众多的强大民族萎缩成为一个人口不多、不太为外界所知的民族。

郑继强等专家通过研究认为，仡佬族的先民濮人是夜郎国的主体民族，而夜郎国被灭，与争夺丹砂有着一定的关系。夜郎国被灭后，濮人遭到驱赶杀戮，从此四分五裂，中原文化很快输入这个地区。

夜郎国到底是由哪个民族建立的，其属地在什么地方，至今学界争论很大。但是，仡佬族在贵州诸多少数民族中汉化程度极高，却是事实。如果到黔中仡佬族地区，尤其是务川，很难从服饰等外观上找到仡佬族文化的特点。

但是，“丹砂文化”的影响在仡佬族地区却无处不在。在务川县大坪镇一带，还可看到古代土法炼汞的遗迹，如大坪山坑，是秦汉时期的朱砂井遗址；大箐洞，直至20世纪末，洞内还存留有古代开采丹砂的摇船。更神奇的是“天子炼丹洞”。传说，汉朝的一个天子在洞中炼仙丹，他死后就被埋在当地。经查史料，后人推测此人是汉光武帝废太子刘强。《大汉拾趣》载：“强假天子邀术士入西南濮夷仙山，亲祠灶炼丹，尸解而成仙。”

在黔中开阳县，至今留有一座400多年历史的朱砂神庙——宝王庙。宝王，名叫拉贡，仡佬族民间认为拉贡是周朝时最早进行朱砂的规模化开采和经营，并将其敬献给周成王的人。仡佬族历代将拉贡作为民族领袖和神灵来供奉，以保佑族人采矿平安、得宝得福。宝王庙在仡佬族地区曾甚为普遍，只是后来都被毁坏了。

如今，依靠青山绿水和丹砂文化遗存，务川也逐渐发展起文化旅游业。每逢清明时节，各地的仡佬人汇聚在洪渡河边，在传说中九天天主诞生的九天母石对面，焚香祭祖。香烟袅袅中，仡佬人仿佛被带回到千年前祖先筚路蓝缕、开采朱砂的岁月。

喜马拉雅雪人

相传，在喜马拉雅山这个世界上海拔最高的地方，存在着一种神秘的生物。它们有着棕红色或者灰白色的毛发，身形高大，四肢强健，能像人一样直立行走，甚至在雪地丛林中健步如飞。它们就是传说中的喜马拉雅雪人，国际上称其为“耶提”（YETI），藏族同胞则称它为“米贵”。

有人说，雪人的存在只是无稽之谈；也有人认为，雪人确实存在于这个无奇不有的大千世界。喜马拉雅山真的有雪人吗？众多资料中关于雪人模糊的记载，到底是源于幻觉，还是真实的存在？

传说、目击与物证，民间的证据

2010 年 7 月，作家何马推出了长篇小说《藏地密码 8》。这次，他向读者讲述了一个西藏著名的传说——喜马拉雅雪人的传说。

“雪山人是这里最早的居民之一，所有的传说都这么说。他们的身高起码是我们的两倍，传说中，雪山人有着厚厚的皮毛，在雪山上来去自如，根本不惧怕冰封和严寒；他们徒手就可以打翻野牦牛和雪豹一类；他们也有自己的部落，有自己生产的工具，不过比我们的工具要差些，大部分是石头制品，也有金属制品。”《藏地密码8》以“喜马拉雅雪人出没，请注意!”为口号，又一次向世人掷出了喜马拉雅山深藏多年的秘密。

无独有偶。早在20世纪20年代，比利时画家埃尔热的著名系列漫画作品《丁丁历险记》，就将喜马拉雅雪人推向了前台。在《丁丁历险记·神秘的雪人》中，丁丁的中国朋友张仲仁在西藏遭遇空难。在冰冻的无人区，是“脑袋长得像椰子”的雪人救出不省人事的张仲仁，还给他找来各种食物充饥。当丁丁历尽艰险，终于找到张仲仁时，张意味深长地说：“从它对我的照料来看，我觉得，恐怕不能说它没有人类的灵魂。”

这样的文学创作，并非空穴来风，而是源于作者深入民间采集到的口口相传的故事。

有关雪人的传说，主要流传在喜马拉雅山南麓地区。在西藏的一些经书和史志上，也有对雪人的记载。2004年，为了弄清楚雪人究竟是什么，它和人类到底有着怎样的联系，央视《探索·发现》栏目组跟随一个雪人考察小组前往西藏实地调查，并采集到大量资料。

在西藏自治区米林县白木村，村民普布曾在多年前见过雪人。据普布描述，1950年一个秋天的下午，当时还只有10岁的他在树林中玩耍，意外发现了一串奇怪的脚印和一个神秘的树洞。他顺着脚印走近树洞，看见一个巨大的怪物站在那儿，脸有点儿像人，浑身长着棕红色的长毛。普布吓得转身就跑，背后那个怪物则不停地大叫。几年后，就在同一个地方，另一位村民也遇到过类似的怪物。

1960年秋天，在距离拉萨300公里左右一个叫普姆村的地方，还发生过一起多人目击雪人的事件。当时，村民普姆请了一些村民为她家的庄稼除草。下午3点多的时候，这几个村民几乎同时看到一个比人高、头上长着长毛的大家伙直立着靠在不远的树干上，大家吓得不敢抬头，赶紧收工跑回家。

如果说，这样的目击事件还缺乏有力的物证，那么在拉萨附近的一个寺庙里，调查组则得到了有力的证据——雪人的骨头和脚印。

拉萨市辖的墨竹工卡县有座止贡提寺，寺庙里至今还保存着一块作为镇寺之宝的雪人骨头，以及雪人在石头上踩下的脚印。传说，在800多年前建寺时，是雪人帮助人们搬石头垒墙的。为了感谢雪人，寺庙里的僧人请雪人站在一块石头上，用力踩下脚印作为纪念。人们还在寺庙的墙壁上绘出雪人的形象，记下雪人的贡献。

大脚印，探险家的发现

随着雪人故事的传播，许多探险家和科考队慕名前往喜马拉雅山区一探究竟。

1925年，希腊摄影师汤巴兹作为英国地质探险队的一名成员在喜马拉雅山考察时，发现一个人形动物从远处的斜坡穿过。这个动物消失在汤巴兹按下相机快门之前，并且再也没有出现。随后，他发现了这个动物留在雪地上的脚印。

1951年，英国登山家艾瑞克·西普顿和麦克尔·沃德在中国西藏和尼泊尔交界处的一条冰河旁也发现了神秘的大脚印。从他们拍摄的照片上看，这只脚拇指很大而且向外翻开，足长33.3厘米，宽18.8厘米，有明显的足弓。据此可推测，这是一个约两米高、直立行走的动物留下的。有外国专家因此得出结论，在喜马拉雅山地区确实存在一种巨大生物，这种生物是科学界还未确定的。

1960年，中国珠穆朗玛峰登山队突击组首次从北坡登上珠穆朗玛峰，这是中国人第一次登上世界最高峰。而在这期间，登山队帐篷周围就时常出现一串串神秘的脚印，联想到关于雪人的传说，登山队员们夜间都不敢轻易出帐篷。在后来多次登山过程中，我国的登山队员都发现了类似的神秘脚印。2002年3月，西藏登山队在攀登珠穆朗玛峰时，再次发现了这种大脚印，并拍下了照片。这些两个或三个重叠在一起的大脚印，长约40厘米，步距约1.5米，其大小远远超过了人类脚印的尺寸。

一个幻象，其实是棕熊？

多年来，在对雪人的考察中，人们持续不断地发现大量神秘的脚印，以及被认为是雪人身上的毛发、脚印、手骨等证据，还有很多人声称自己看见了传说中的雪人。然而，真正的雪人到底是怎样的？迄今还没有人能给出一个令人信服的答案。随着雪人知名度的提升，人们对于雪人是否存在的争论也越发激烈。

西藏自治区林业调查规划研究院研究员刘务林在西藏从事野生动物考察和研究已经有20多年了。为了跟踪调查雪人，他访问了大量目击者，收集了大批物证和线索，还先后在墨脱、吉隆、朗县和珠峰附近的定日等地多次发现所谓的“雪人”，但最后考察发现都是棕熊。他还看到“野人”的脚印——长约二三十厘米，与小孩的脚印很相似。经过分析，他认为这些脚印缺乏足弓，仅具趾垫和掌垫，实际上也是棕熊留下的脚印。刘务林甚至在实验室里检测了止贡提寺保存的雪人骨头，他通过内部结构、各种元素的检测分析，并将其与其他动物的骨头进行比较，最后证实，这块所谓的雪人骨头仍旧是棕熊的。

刘务林以他几十年来对喜马拉雅雪人的研究经验得出结论：所谓的雪人就是棕熊。传说中这种像人的大型动物根本不存在。“从生物发展的规律及其生存能力来看，体重在50公斤以上的大型哺乳动物不可能以个体或者三个五个的形式存在。如果总体数量低于两三百个，那么在恶劣的生存环境中，它们根本无法让自身的种源维持下去。”刘务林说。

一个真实的存在，尚需证实?

难道在几十年里，几乎遍布了整个喜马拉雅山脉的众多目击事件全都是错觉？北京大学生命科学院教授潘文石对此有着不同的看法，他认为在目前状况下，对雪人是否存在的问题不能下一个简单的结论。

1956年到1961年，中国科学院等单位曾派出专业人员赴喜马拉雅山区，对雪人进行考察，潘文石就是考察队成员之一。据他回忆，虽然不排除当地老百姓偶尔把棕熊看成雪人的情况，但对于那些常年从事狩猎活动的农牧民来说，是不太可能把棕熊误看成雪人的。此外，众多目击者讲述的一些细节也很难让人相信雪人就是棕熊，比如棕熊不像雪人那样长着一头长毛，它也不会像雪人那样投掷石块。

和潘文石持相似观点的，还有自1954年起28次深入喜马拉雅山区寻找雪人的“老西藏”冀文正。冀文正认为，雪人其实是定居于森林深处的野人。有个别野人离开森林，到雪地里寻找食物，所以被发现者误认为是“雪人”。

冀文正在长期的观察中发现，珞巴族猎人把熊与野人分得很清：熊是爬行的，有时候也会站立，但不能持久；熊全身长黑毛，也有棕色的；熊的个头矮小，腿短，大耳尖嘴，脚趾相连，步幅小……这些特征同野人有很大区别。野人有“语言”，它发出的声音有长有短，有高有低，有的悦耳，有的刺耳；它有喜怒哀乐的表情，还会比划各种手势。

在冀文正看来，喜马拉雅山及雅鲁藏布大峡谷独特的地理环境给野人的生存提供了必要的物质基础。首先，这里海拔差异很大，形成了立体型气候，适宜野人的生存和发展。其次，立体型气候造就了立体型的动植物分布，使野人拥有了丰富的食物。再者，林海中树穴、岩洞比比皆是，为野人提供了良好的天然居所。最后，当地偌大的林海人迹罕至，从来没人危及野人的安全，使野人得以在此繁衍至今。

在某种层面上，冀文正的观点与我国人类学家周国兴的看法不谋而合。周国兴经过分析研究认为，雪人是巨猿的后代。他比较了雪人脚印和猿类脚印，认为雪人更像猿。他推测，古代的巨猿并没有真正的灭绝，它的一支扩散到雪山地区，成为神秘的雪人。而雪人还没有表现出具有语言的能力，只会发出一些模糊的声音，它们似乎还没有走进人类的大门。

时至今日，关于雪人的探索似乎进入了两难的境地：考察方面拿不出十足的证据，理论方面大家各执一词。潘文石说：“喜马拉雅山区，有几十万平方公里都是无人区，那里的森林植被非常好，生物种类非常丰富。像这样的无人区，谁能够说，里头有什么东西都搞清楚了？”或许，随着时间的流逝，随着人类对喜马拉雅山认识的深入，雪人之谜终将解开。

中国“蜘蛛人”

他们身怀绝技，时常应邀为游客表演飞岩走壁，那履险如夷的技巧，令许多世界著名的专业攀岩选手也望尘莫及。

他们不知道人寿保险，不知道一根保险绳具体能换几斤盐，可他们从来不曾在悬崖绝壁这个生死未卜的舞台上走失。每一次，他们都胸有成竹地在船头告别，然后张开四肢，像蜘蛛一样紧贴在悬崖上，手脚并用，跃身而上。头顶，险象环生；脚下，寒潭万丈。当最终抵达那光滑得只有燕子才能驻足停歇的岩隙间时，他们分明触摸到了燕王宫亿万年前的水滴石穿。

他们，是格凸“蜘蛛人”，身着异彩，把超越生命极限的神圣之光，昭示给人们！

岩壁上翻跟斗

贵州省紫云苗族布依族自治县有条格凸河，著名的格凸“蜘蛛人”就生活在这里。去看“蜘蛛人”表演，要乘船顺河而下，进入一个像东方凯旋门一样，可以装下40层楼房的格凸燕子洞。数十万只燕子不停地从洞里飞出飞进。“蜘蛛人”的表演就在洞两面的绝壁上进行。

船在洞左边的绝壁下停了下来，人们的目光随着艄公手指的地方寻去：只见两位身穿红色衣服的“蜘蛛人”在洞顶的绝壁上向上移动，就像两只精灵运动自如、身轻如燕。不经意间，走在前面的“蜘蛛人”从绝壁上翻了下来，船上的人不约而同地惊叫起来，有的下意识地用双手蒙住了双眼，不敢再看。可当人们转过神来，发现是虚惊一场，只见“蜘蛛人”单手吊在绝壁上，用另一只手向船上的人们致意。

“蜘蛛人”回身再次行走在绝壁上。船上的人们屏住呼吸，目不转睛地仰望着两个红点移动的地方。因为太高，看不清楚他俩是怎样走过的。攀过光滑的绝壁，他们到达洞顶的最高处，挥动着小红旗向下面的人群致意。末了，他们又如履平川，迅速从绝壁上走了下来。

108 米高的绝壁，“蜘蛛人”一个来回仅用了 14 分钟。

不同寻常的“蜘蛛人”

为人们表演的两位“蜘蛛人”，一位是披着长发的姑娘，另一位则是腿有残疾的中年男子。

女“蜘蛛人”名叫罗平，二十多岁，是老“蜘蛛人”罗发科的女儿、两个孩子的母亲。罗发科说，女儿从小就胆大，13 岁那年，他领着她到格凸河燕子洞内 100 多米高的绝壁上去掏燕子粪做肥料。罗发科叮嘱女儿在绝壁下面等他，自己爬了上去。正在他起劲地拾着燕子粪时，突然感觉背后有些异样，回头一看，只见一个人影立在背后，吓了他一大跳，原来竟是女儿偷偷跟在他后面攀上了绝壁。此后，罗发科对女儿另眼相看，不时教她一些攀岩要领。

男“蜘蛛人”叫黄小宝，是罗发科的大徒弟，四十多岁。黄小宝3岁时患过小儿麻痹，两条腿已经萎缩。他学攀岩，主要是为了收集岩壁上的燕子粪和硝石，燕子粪用于种地，硝石可以做炸药，而这些正是20世纪八九十年代最好挣钱的副业。

黄小宝攀岩主要依靠两臂的力量，他的一只左脚只起到支撑的作用。黄小宝的双手关节已经变形突起，手指布满厚茧，有如鹰爪。攀爬崖壁掏燕子粪的难度很大，要求“蜘蛛人”的身体必须健壮，不过黄小宝却是特例，经过20多年坚持不懈的磨砺，他已成为优秀的“蜘蛛人”。

老“蜘蛛人”罗发科，苗族，乃攀岩绝技第六代传人。很久以前，格凸河的苗族先民将死者葬于悬崖绝壁上的山洞中，为此，就得有专人练成攀岩绝技，并一代一代地传下去。到本世纪初，格凸河一带只有三四人继承了先辈们的这一绝技，罗发科就是其中之一。他12岁随父亲正式学攀岩，是兄弟4人中唯一学会的。

攀岩秘诀在哪里

专业的攀岩运动员要借助专业设备，如安全绳、锁套、岩石锥等，费很大力气才能爬上悬崖峭壁。格凸“蜘蛛人”并不借助安全绳，却能在悬崖峭壁上下自如，他们的绝技是怎么练就的呢？

罗发科透露了四点攀岩秘诀。一是学功夫之初，要爬上爬下同步学。要上两步退两步，才能继续向上爬。二是认路。手抓之处、脚蹬之点要记住，上能上得去，下能下得来。久而久之，每一处攀过的山岩在心中自有一条路。三是不同形状的岩石用不同的身法攀爬。或手扒、或脚蹬、或头顶，总之，要找到最合理的着力点。四是身上出汗时绝对要停止攀岩。

当被问及学习攀岩的人要有什么特殊的身体素质时，罗发科说，只要在高处向下看时眼不花就行。“蜘蛛人”对世人惊叹的绝技似乎轻描淡写，因为他们知道这样的绝技绝非纸上谈兵，即便说了，一般人也学不会。

关于格凸攀岩的故事

在“蜘蛛人”身上，还有种种寻宝的故事。格凸河一带的绝壁上有很多常人不能到达的洞穴，因为有了“蜘蛛人”，这些洞穴就成了人们藏金放宝的地方。于是，便有种种版本的寻宝故事开始流传。

据说，当年罗发科的父亲急病突死，众人说其父攒的种种宝贝和一生累积的财富一定藏在某个山洞内。而罗发科则笑指燕子洞旁边的耳桶山绝壁上一洞穴说，只在其中得到一柄宝剑和一把刀。罗发科探遍格凸、长顺一带常人不能至的险洞，对于旁人所说的金银财宝，他只笑着摇头，并不申辩，让人浮想联翩。

据说，燕子洞顶上长着一种植物，当地叫“涟涟药”。将其磨成粉，弹到姑娘的身上，这姑娘就会与你成家立业，永远都不会变心，但这种药要自己到洞里采来才灵。于是，贫穷的格凸人就想练就攀岩的功夫到山洞采药，好讨个老婆，然而又有几个能行呢？

凉山“树上飞人”

在四川省凉山彝族自治州德昌县南山傈僳族乡杉木沟村，几乎人人都会一项绝技——“树上飞人”，傈僳族村民们可以灵活地在松树间腾跃追逐。这项缘于劳动生产的绝技令人叹为观止，但也面临逐渐失传的境地。如何对其加以传承开发，值得人们思考。

像猴子般灵活地在树上腾跃

四川省凉山彝族自治州德昌县南山傈僳族乡杉木沟村外一处山坡上的松林里，几名少年在几米高的树梢上嬉戏。只见其中一名少年手握树梢，脚蹬树枝，当他瞧见旁边几米远有一棵松树，身子便向那树一跃，并伸出一只手去抓那树，爬牢后身子便停驻在那棵树上。他这样荡过七八棵树约有十多米远，然后又荡回来，一棵接一棵地在树梢上腾跃而行。

这名傈僳族少年名叫吉华祥，他和李生银、李红祥另外两位伙伴在树梢上腾跃追逐着。松树林里发出树枝相碰和树皮掉落的响声。他们在树上跳跃，如猴子一般灵巧，就像在平坦的路上行走。这种情景在许多电影里也能看到，但那毕竟是演员身上系着保险绳的表演，而今天展现在我们眼前的，却是没有任何保护措施的矫健身影，让人惊叹。

树下还有一些村民在围观。更让人吃惊的是，少年们轻落下树后，在旁观看的南山傈僳族乡党委副书记李波喊道："现在有位女士要挑战他们。"

这位女子本来是来看热闹的，看得心痒痒，便也想和少年们比试一下。她来到树下，"嗖嗖"几下便爬到树上，像那几名少年一样，从这棵树荡到那棵，连荡 3 棵树才下来，身手敏捷。她下树后，也不见气喘。

"她已经是娃儿妈了！"身边的村民介绍，女子叫李琳，23 岁，已是一个孩子的母亲。李波说，在树下围观的傈僳妇女好多都会这个绝活，只是穿着傈僳族传统服装，不方便展示。

来自云南省怒江傈僳族自治州的傈僳族摄影家李忠华也是第一次看到这种绝活表演，他感叹："我们怒江的傈僳族没有这种技能，我现在才明白为什么会有'傈僳猴子'的说法。"

不只是年轻人，当地中年人的爬树技能也非同寻常。因婚礼需要松针，40 岁左右的杉木沟村村支书李正荣一下子便蹿到高高的树上，利落地砍起了松枝。

成年男人因为要上树砍树枝或取马蜂窝而爬树，那么妇女为什么会爬树呢？原来这里的妇女经常放羊，有时喂羊需要采叶，因此爬树也成为她们的劳动技能。

绝活应加以开发传承

树间飞越，这项技能对树木要求高。一般选择松树，因为松树树枝有韧性，弯折不容易断，对人身安全威胁较小。能荡起走人的位置主要在树梢，也就是树的顶端。腾跃的时候，要把整棵松树当成“撑杆”，把身体撑到另一棵树。

此外，如碗口粗的松树是最好摇荡的，太粗的树枝弹性不好，太细的树枝又承受不了人体之重。至于距离，树与树之间伸手可及是最好攀爬的，但相隔四五米远的树也能扳弯身处的树木荡过去。

在树上攀爬腾跃，村民们偶尔也会有失手的时候，村民李友国说自己在少年时代曾摔下来过，腰受了伤。

德昌县傈僳学会会长李文华介绍：“这项技能傈僳语叫‘简明斯子叔’，意思是猴子爬树，就是像猴子般在树上灵活腾跃，这是我们这支狩猎民族的一项技能。比如凶猛的动物如豹子、老熊、野猪扑来了，傈僳人能像猴子一样爬上树去躲避攻击。还有掏鸟窝，取马蜂窝等，都需要有爬树的技能。”

德昌县是四川省傈僳族最多的聚居县，全县傈僳族人口 6000 多人，分布在金沙、南山两个傈僳族乡和宽裕、巴洞、乐跃等乡。李忠华对全国的傈僳族聚居区都做过调查，他认为德昌是傈僳传统文化保留最好的地方之一。

上坝子地村村民吉明华说，在树上玩耍在过去非常盛行。他小时候放羊，在树上玩的时候很多。村里还经常在春节期间举行猴子爬树比赛。现在因为孩子们要上学，在树上玩耍的时候要少得多了。安全问题也让现在的家长禁止孩子们在树上玩。但禁止归禁止，村里的孩子们躲着大人也经常在树梢上玩。

在自然环境里，傈僳人从猿猴身上受到启发，练就了独门绝技，过去用于狩猎中的生存和自我保护。如今，作为狩猎民族的德昌傈僳族的许多技能都已经消失，爬树是因为要砍树枝、捕马蜂等实际需求，因此被保留下来。不过，现在村民们爬树的水平比以前要逊色得多，要看到傈僳族少年在树梢上行走也是很难得。

对于这个即将失传的傈僳族文化遗产，如何加以传承和开发利用，是个值得思考的问题。云南傈僳人把“上刀山”打造成有名的旅游表演项目，德昌傈僳人能不能把“树上飞人”的绝技加以利用开发，并一直传承下去呢？

月亮山野人

贵州省黔东南苗族侗族自治州地处云贵高原，这里层峦叠嶂，沟壑纵横，原生态植被郁郁葱葱，是众多珍稀动植物的天然王国。传说，在当地雷公山、月亮山的原始森林中，常常有野人出没。对此，中国珍稀动物研究会（原中国野人协会）会员朱法智，进行了十余年的追踪调查，寻找到不少蛛丝马迹。

民兵猎杀野人，将其交公，是否确有其事？

姑妖山，是黔东南月亮山的一个支脉，位于月亮山主峰西北面，属榕江县兴华水族乡。在这座山中，发现过很大的野人群体。

20 世纪 90 年代中期，朱法智首次进入姑妖山采访时，当地村民提到了多起野人事例，其中一起发生在 20 世纪 50 年代初，说是政府组织民兵进山剿匪，他们多次遇到野人，但只在遇到最大一群时，才打死一个，并交给了县政府。

对于“野人交公”这件事，朱法智一直想找当事人核实，但因时过境迁，心愿难了。没想到，2001 年，他到雷公山下的朗洞镇高便侗寨进行民族文化考察时，竟无意中遇上当年打死野人的猎手。

这位猎手叫吴作昌。据他回忆，1951 年，榕江县组织民兵到月亮山剿匪，先在八开乡、计划乡一带搜索了几个月。到农历七月，100 多位民兵分组进姑妖山搜索，吴作昌所在的那个组有 6 人。进山第二天，他们从上下午（村名，今属兴华水族乡）进入山中最大的溪姑妖溪流域。进去约两三公里路后，竹子越来越密。走着走着，前面的几个民兵急急忙忙地跑回来，吴作昌以为他们遇上了土匪，就端枪迎上前去问："遇到土匪啦?""不是土匪!"说话的人上气不接下气，"前面的小溪里，有好多好多野人，它们要咬人的，我们不敢走了，才跑回来!"

听他们这样一说，吴作昌就和同伴一起，手持"七九"式步枪去探个究竟。

走到前边一看，至少有八九十个野人，老老少少、大大小小都有。有红毛的，黄毛的，黑毛的，还有杂色毛的。个子高的有七八尺，小的呢，还被大的抱在怀中。不过，中等个子的最多。

在斜坡下的一条小溪两岸，野人们正在阳光下做各种各样的事情，有的爬树，有的捉虱子，有的戏水。吴作昌说："那个情形，热闹得很!"

吴作昌和同伴隐蔽起来，计划捕捉一个野人带回去。最终，他们选定了一个坐在石头上一动不动的野人作为目标。吴作昌将枪口紧紧地瞄准那个野人的心脏。"砰——"一声枪响，震动山谷，野人们在一片惊叫声中慌慌张张地跑进树林，一下子就不见了。

"倒了！倒了！快去看!"吴作昌的同伴大叫起来。他们跑去一看，被击中的是个女野人，杂色毛，身高约 1.3 米，体重约 45 公斤，身上的毛有 20 多厘米长，油亮油亮的，很好看。身体有点瘦，手背毛长，手心没有毛，面部像猴子，又有点像人，只是下巴有点短。

怎么处理这个女野人呢？有的说，抬回去吃了，有的说，就放在这里让她烂了。最后决定，抬回去交给政府处理！

当时，从姑妖溪走到榕江县城要两天时间，而走到荔波县城只要一天时间，大家就决定将野人抬到荔波去交公。

“我们把女野人抬到荔波县人民政府，很多人都围上来看，有的说，以前只见过狗熊、野猪，今天见到野人了！有的问在哪里打到的？这肉吃不吃得？”吴作昌说，“等了一会儿，县长莫御（这是老人的原话，可能有误。经查史料，莫御当时为都匀专署政治协商委员会驻会委员，同时也是部队的一位首长）出来看我们，还表扬了我们，给我打一张收条，上面写：‘收到剿匪民兵吴作昌打死野人一个。’下面落款：‘荔波县长莫御。’此外，还奖励给我一面红旗。”

是谁害死了独守牛棚的老人？

1996 年 2 月 29 日，榕江县某乡（当地苗族同胞认为，运气不好或命不好的人才会遇上野人，如果有人对别人提起遇上过野人，今后就还会遇上，家里就不得安宁。因此，文中有关地名和人名均隐去）党委龙书记打电话告诉朱法智：“某寨发生一起死因不明的遇害案，根据现场情况，群众认为是野人弄死的。现在群众很害怕，我准备到那里去处理点工作，同时也安慰群众，你是否要来调查一下？”

3 月 2 日，朱法智随同龙书记赶到遇害者所在山寨。

据了解，受害者是位64岁的苗族老人，家中有老伴和3个儿子及儿媳等。老人朴实勤劳，长年守牛棚，很少回家。2月4日，受害者从乡场买了两个小坛子，挑着往牛棚走。牛棚位于溪畔的半山腰，周围是层层腰带田，寨子则在距牛棚约3公里的半山岭上。小溪两侧是茂密的原始森林，沿小溪可直达月亮山主峰。遇害前，他挑着坛子，爬到一个高约40米、坡度约55度的斜坡时遇到了意外，从坡上往下滚，但坛子放在刚滚下不过5米远的地方，而且是用地面的茅草粗粗捆住的，看来当时的时间还有回旋的余地。后来，他一直滚到斜坡下的岔溪边，滚的距离约十几米。他滚过的上段，稀疏的茅草已被压乱，拇指粗的树枝全被压断，下段（即接近岔溪边的那部分）荆棘、藤蔓和灌木相互缠绕，其间捅出的大窟窿，直径约1.5米，完全不像是他一人滚下时形成的。老人遇害被发现时，除颈边有衣服外，身子的其他部位完全裸露。从现场情况来看，人们推测老人是遇到了一个雌性野人，被其强暴而命赴黄泉的。

经过向周围群众了解情况，发现受害老汉很老实，从不得罪人，他家里贫寒，身体健康，因此不可能是仇杀、谋财害命或生急病而死。从现场勘查，也不是失足滚下山摔死的。

村民们还说，老人在遇害前一段时间，已多次向村组干部和一些群众说：“那树林里有个野兽，是个‘妇女’，恶得很，我们这个寨子，不晓得哪天要有个把人遭（倒霉）给它，大家要小心点!”这说明，老人遇害前已看清野人的性别，并且还知道它的脾气“恶得很”。同时，那“野兽”还一连几个晚上去推他家牛棚的门，开始他以为是有人来偷牛，后来才看清是“野兽”，他也将推门这件事告诉了一些村民。“野兽”推门的事，在月亮山时有发生，一般情况下，人们也未当作重要事情看待。

在大山里，野人发情时遇上单个异性人类，是要将其“占为己有”的。不过，它不会主动伤害人，有时甚至会主动帮助或救护人类。据村民们推论，老人遇害时，女野人正处于发情期，一连多晚去推他的门都没推开，但它不死心，最终导致惨剧发生。

事情发生十余天后，有村民看到山下小溪里有一个浑身红毛的动物在翻螃蟹，当时距离有点远，它一直勾腰没抬头，所以看不清楚面孔。其实，在老人遇害半年前，附近一个苗寨的两位老人就提到过：“我俩在月亮山主峰看见一个女野人，浑身的毛都是红亮红亮的，好看得很。”这两位老人在山上见到的女野人，会不会就是作案者呢？

月亮山确有野人

野人，一个因为“有还是没有”而争论不休的话题。

在黔东南林区，历史上发生过的野人事件，无以计数。先不说新中国成立以前当地史书的相关记载，仅就当代编撰出版的《黔东南州志》而言，在《州内稀有动物篇》中，就明白无误地写着：“人熊，俗名野人，形体完全似人，雌雄同行同居。在州内雷公山、剑河大平山、章汉坡、从江月亮山发现。”

贵州省有 10 个林业重点县，黔东南占 8 个。其中，雷公山是国家级自然保护区，处于雷山、榕江、台江、剑河四县交界处；月亮山是广西十万大山的延脉，主峰位于榕江县计划乡摆拉村，周边与从江、三都和荔波三县交界。

特殊的生态环境，对稀有物种的生存和繁衍起着关键作用。过去，在这块土地上生活的野生动物多到什么程度呢？在榕江未修公路之前，当地进出货物全靠都柳江和清水江支流茅人河进行水运，今榕江县城所在地古州每天都有十吨左右的兽皮堆放在大河口码头，经都柳江水运至两广市场，这仅是南部乡镇所收购的。而北部乡镇经茅人河出清水江运至两湖市场的兽皮究竟有多少，根本无法统计。

至于神秘的野人，村民们不仅了解其习性，还积累了不少与野人打交道的经验。《苗族古歌》中，就有关于如何防范和对付野人的篇章。20 世纪 50 年代，当地的外贸站和供销社还收购到若干张野人皮。为了让收购人员辨清“人熊”和“狗熊”，村民们还把两种皮同时挂出来比较。据朱法智考察，当地的野人有大、中、小三种，现存数量较多的是第三个品种。

东干人

提起华侨，人们大多想到的是从福建、广东等地到东南亚谋生的人群。殊不知，在中国内陆的陕西、甘肃等地，在一百多年前曾走出去不少人，如今定居在哈萨克斯坦、吉尔吉斯斯坦和乌兹别克斯坦，形成了一个近 13 万人的庞大群落！这个群落，甚至堪称中国海外移民的最大“军团”。

在中亚，当地人把这群特殊的华侨称为“东干人”。虽然西迁已逾百年，东干人仍聚而不散，有着完整的社区和群落，更为可贵的是，他们还顽强地保留着百余年前的语言和风俗习惯。当人们走进东干人村落，听到满口的陕西方言时，甚至怀疑是不是走错了地方。

东干人，这个固执地坚守乡音和文化的群体，为何来到中亚？百余年间，他们又经历了什么？

一段血泪史　漫漫流亡路

在中国与中亚越来越频繁的经贸交往中，有一个群体发挥着积极而特殊的作用——这就是东干人。

近年来，东干人凭借着会汉语的优势和对中国的特殊感情，成群结队来到中国，学习文化技术或从事经商活动等民间交流。

每次来中国，他们几乎都有一个“功课”要做——前往陕西，在西安西门的门环上敲三下，说声：“回来了！爷，我替你回长安城了！”

这些已经几代定居国外的东干人，为什么在中国有这么一项“功课”呢？他们口中的“爷”又是谁呢？

一段隐秘在中国近代史深处的血泪史就此浮现——

公元1862年，中国西北地区回民不满清政府的统治和压迫，回、汉之间及回民与地方官府之间的矛盾日益激化。在当时太平天国起义和捻军起义的影响下，从陕西开始，继而宁夏、甘肃，超过100万回民组织起来，爆发了历史上西北地区最大的回民反清起义。

清廷派左宗棠来镇压起义。在步步追剿中，陕西回民首领白彦虎带领人马辗转向西，进入天山脚下。当时新疆的大部分地区面临着沙皇俄国扶持的阿古柏政权势力的占据，阿古柏让白彦虎带领残部把守吐鲁番，企图阻止清军恢复新疆。此时，坚决主张收复新疆的左宗棠在劝降无望的情况下，下令进攻吐鲁番，白彦虎败走，由此一路退到喀什，最终在1877年带领数千追随者翻越天山逃往异域。

对白彦虎该作何评价？他到底是因被追杀而被迫背离了祖国，还是因变相参与了分裂新疆而被追剿？这是历史学家去研究的事。不过可以肯定的是，清末回民起义及此后的战争是极为惨烈的，陕西、甘肃的人口由此锐减了一半，左宗棠入甘肃时形容“千里荒芜，弥望白骨黄茅，炊烟断绝，被祸之惨，实为天下所无”。

白彦虎的追随者，最初有两万多人，但一路追剿，加之进入异域翻越4000多米的多伦山遭遇空前的饥饿和寒冷，最终只有约5000人活了下来。

这是一条血泪凝结的流亡之路，其中夹杂着多少无奈、痛苦和纠结，我们不得而知。只知道，最终这支队伍把自己带到了陌生的异域，也从此将子孙后代扎根在远离故土的万里之外。

百年风云变迁

逃往到中亚的中国陕甘回民，在苏联时期被正式认定为一个单一民族，名叫“东干”。“东干”，有研究者认为，既不是突厥语“留居”“转变”之意，也不是从“东甘”“潼关”“敦煌”之类的地名转变而来，而应是是陕甘方言“东安”的音变，原指陕西东府地区，当地人以“东安人”自称。

第一代移民在艰苦的逃亡路上，也不忘农民本色，他们舍不得吃掉从家乡带来的粮种、蔬菜种子，而这些种子和他们掌握的农业技术成为到了异域后安身立命的法宝。

他们到达的楚河地区，在今哈萨克斯坦、吉尔吉斯坦交界处，当时那里的人们以粗放的畜牧业为主，很少见过蔬菜，仅有乌克兰人、俄罗斯人种的胡萝卜、土豆、洋葱等。东干人来了之后，当地才开始大规模发展农业。

传说那时当地人看见东干人种韭菜吃，就笑话他们在吃草。结果东干人拿出烹调好的韭菜请他们一尝，大家惊呼竟然如此鲜美！从此东干人以别具风味的菜肴而闻名。据说沙皇尼古拉曾请东干人专门去克里姆林宫，当时几个有名的东干人厨师带着自己种的蔬菜，如茄子、萝卜、香菜、青菜等，在皇宫里做了几道菜。沙皇吃了，非常满意，当场给东干人“20 年不征兵，不征粮”的允诺，并给最早的东干人村庄营盘村以他的名字取名为“尼古拉耶夫卡”，梢葫芦命名为“亚历山大洛夫卡”，这些名字一直延续至今。

同时，东干人很早就参与了当地的社会生活，并先后参加了俄土、俄日战争以及一战和二战。在二战中，涌现出许多英雄人物，如吉尔吉斯米粮坊村的满素孜·王阿訇，曾获苏联最高英雄奖，在那个小村里，至今仍有村民为他建立的英雄纪念馆。而政治人物马三奇，在哈萨克斯坦营盘以及阿拉木图市，都有以他名字来命名的街道。

尽管如此，东干人没有被周围族群所同化，而是顽强地保持着自己的民族个性。他们一直保留着不娶不嫁外族人的习俗。虽然也有例外，特别是在早期，但是比例相对很小，多以男性为主。娶进来的外族女人，要么是穆斯林，要么必须改信伊斯兰教，至于外嫁的东干女人则少之又少。

比较严格的族内婚，使东干人百余年来仍保持了纯正的血统和虔诚的伊斯兰教信仰。也因此，如今的东干人还保持着中国西北回民的长相特征和朴实、直爽的禀性。

祖宗的文化不敢忘

尽管与故土相去万里，尤其是中苏关系恶化后与中国完全隔绝，东干人的村落就像悬于海外的“文化孤岛”一般，但是他们崇文重教，仍顽强地将自己的语言文化保留下来。

东干人的语言是陕甘方言，如称妻子为婆姨，男孩称娃娃，女孩为丫头等。不过，其语言还停留在晚清时期，因此保留了不少古语，比如把政府叫衙门，把学校叫学堂，把总统叫皇上，把签名叫画押等。

在俄语、哈萨克语、吉尔吉斯语等语言的包围下，东干人想要长久传承自己的语言并不容易。为此，20 世纪二三十年代，在当时苏联政府的影响下，东干人中的知识分子进行了语言改革，在 33 个俄语字母的基础上，增加了 5 个字母，也就变成了今天的东干文。

所以，只要是会俄语的东干人，大体能够拼出东干文来。不过中文毕竟不是字母语言，虽然能大体读出东干语，但是无法准确表达意思。读东干文，如同读没有声调的拼音。东干语至今仍然是一种几乎靠口口相传的语言。

同时，由于汉语中出现的新鲜语言，如冰箱、彩电、电脑等大量词汇没有更新到东干语中，所以东干人只能借助俄语来表达。现在，东干语中有 20% 以上语词都是周边民族的语言，因此也可以说目前的东干语是以晚清陕甘方言为基础，同时夹杂了其他多个民族语言的混合语。

在哈萨克斯坦和吉尔吉斯斯坦，大概有二十来所东干语学校，每周定期开展东干语教学。此外，现在每年都有成百上千的东干人到中国留学，或在当地孔子学院学习中文。有些人建议应该在东干人的学校教育中引进汉语普通话，以便于进一步和中国沟通交往。

除了语言，东干人还保留了很多传统的文化习俗。东干人演奏扬琴、二胡、三弦子和响板等具有汉民族传统特色的乐器，能扎出蜈蚣、龙、蜻蜓、蝴蝶等复杂的风筝。甚至关于孟姜女哭长城的古老传说、《三国演义》等小说，在东干人当中也广为流传。

东干人在建造自己的清真寺时，严格地遵循清朝时的宗教建筑风格，在飞檐上雕刻中国传统的龙、凤、狮子等动物。

最具中国古风的还是婚俗。东干青年的婚姻通常是通过传统的“父母之命，媒妁之言”而缔结，有的新娘子在婚前甚至没有见过新郎。虽然现在自由恋爱越来越普遍，但父母的意见绝不能少。

东干女子从小学便学会做针线活，自己缝制嫁妆，尤其是婚礼服饰和鞋袜，均以旧时中国传统手工方法和刺绣工艺制作。婚礼当天，新娘还要把头发弄成清朝时的“燕燕头”，这种发型最显著的特点是，四周高高盘起呈弧形，头顶用一个船型的工具把头发竖起，后脑部分则梳成鸡尾形状。这种发型在中国近乎绝迹，却被东干人完好地保留了。

还有一项，就是农耕民族的勤劳以及回族的经商头脑。东干人初到中亚时以农立身，如今仍靠种蔬菜闻名中亚。是东干人率先从中国把大棚种植技术、滴灌技术等先进的农业技术引入中亚，在当地掀起了一场农业革命。靠着灵活的头脑，还有大批东干人做起了边贸生意，穿梭于古丝绸之路上，走上了富裕的道路。

东干，已经不仅是一种称谓，而变成一种文化符号。东干人，也因为其勤劳、坚韧、智慧和在中国与中亚文化交流中的特殊作用，而日益成为一个备受关注和尊重的族群。

僰　人

站在云南丘北雄峙险峻的山崖下，仰望峭壁上残存的棺木，古代僰人的神秘印象似乎就此定格。

僰人，这个古老的、被人们认为已消失的族群，而今却在丘北神秘出现。他们保留着古老的语言、服饰和神奇的洞穴葬习俗，隐隐透出深沉博大的文化内涵和历史底蕴……

僰人已经消失？

僰人，一个在中华大地上生存了两千多年的古老民族，自明万历元年以后就失去了踪迹。

据史料记载，僰人是夏朝的遗民，商朝的战俘，属游牧民族。周武王伐纣时，征西南八夷参战，其中就有僰人。僰人因立下赫赫战功，在四川宜宾建僰侯国，从此，这个民族进入最强盛时期。

西汉张骞出使西域，在阿富汗、印度见到僰人对外销售的商品，才知晓有一条南方丝绸之路通往东南亚，它比汉武帝开通的北方丝绸之路至少早两个世纪。汉武帝得知后，立即派人开发西南夷，于是僰人向周边地区拓展，由此形成三大流域支系，即以四川珙县为中心的南广河流域支系、以云南横江流域为中心的横江支系、以贵州南盘江流域为中心的南盘江支系。此时的僰人已发展成为农耕民族，文化发达，尤为重视教育。

僰人栖身于荒野荆棘之中，因其秉性刚直，暴烈强悍，为历代王朝所不容，曾多次被征讨。公元1世纪，益州僰人首领若豆、孟迁起义，反抗王莽暴政，王莽3次派兵20余万镇压僰人，并把若豆、孟迁列为不赦之人。明王朝与僰人在十余年间曾发生了11次战争。万历元年（1573年），明朝宰相张居正派四川巡抚曾省吾对僰人进行了为期一年的大规模征服，总兵刘显率14万大军欲将僰人杀绝。此后，僰人失去了踪迹。

有人说，僰人被杀绝了；也有人说，僰人被其他民族同化了；还有人说，僰人逃往云南、贵州的部分地区。但这都只是传说、推测而已，并无明确的史料记载。至今，没有人发现僰人记录本民族历史的文字，僰人在坚硬石壁上留下的难以计数的岩画、在悬崖绝壁上留下的让人叹为观止的悬棺，也成为千古之谜。

僰人再现丘北？

“祖先在崖子上，主公在崖洞中。老人在供桌上，朋友在酒桌上。”这是一首在云南省文山壮族苗族自治州丘北县舍得乡白泥塘村传唱的民歌。月光下，每当篝火燃起，男人们就会唱起这首原始古朴、苍凉悲怆的民歌，仿佛是在诉说着村寨里鲜为人知的秘密。

有人说，这是僰人传唱的古曲。丘北县居住着僰人，僰人的寨子就在大山深处。

丘北县的僰人谈起自己的来历是这样叙述的：“我们的祖先，

是为了躲避战乱才从‘江外’渡江逃到这里的。为了纪念祖先渡江逃难的历史，我们僰人的婴儿出生后，都要放到冷水里让他过一次‘江’。”这样的叙述或多或少透露了古僰人迁徙的轨迹。

丘北县境内的僰人自称“锅泼”“僰族”，其他民族称他们为“海巴族”“伯族”，1956 年我国进行民族识别时，将他们归在彝族白彝支系。目前，丘北县境内共有僰人 1500 多户 6000 余人，具体分布在双龙营、舍得、官寨、曰者、腻脚、树皮 6 个乡（镇）的 44 个自然村。其中，纯僰人村寨 19 个。

多数僰人聚居在偏僻边远的石山区和半山区，少数僰人与其他民族杂居。由于交通不便、信息闭塞，僰人受其他民族文化的影响较小，至今仍保留着比较完整的传统生活习俗和民族文化。

在白石崖村民陆菊珍和杨光华家，可以看到僰人独特的服饰。僰人男子穿麻布或棉布短衣裤，外套一件绣有花纹的无袖麻布褂子。女子头戴套头，形似鸡冠，僰人称其为“冲天帽”“鸡冠帽”，帽周围整齐地排列着各种颜色的小彩珠和海贝，并配以银器、骨质饰物等。妇女衣服宽腰大袖，胸襟上绣有美丽的彩色花纹图案，肩挎红线球的背袋。

僰人民歌一般结构短小，音域不宽，旋律变化不大。乐器主要有月琴、响篾、三眼巴乌、篾哨。最有代表性的舞蹈是“跳乐”。

僰人实行血缘外婚制，青年男女自由恋爱，在跳乐、对歌中相识、相恋，但择婚嫁娶必须由父母操办。

僰人最神奇的习俗是悬棺葬俗。悬棺的方法有索道法、栈道法、支架法、水位法 4 种，悬棺的安放形式可分为自然洞穴葬、人工凿穴葬、人工悬棺葬。这种独特的祭奠方式，强烈地传递着僰人对民族精神的升华，对未来世界超凡脱俗、空灵净化的追求。

洞穴葬，只有族长一人知道的“机密”？

洞穴葬不是将死者的尸体入棺行葬，而是取死者的“灵魂”入祖。

具体来说，就是在死者行将咽气的时候，族长取一块薄铜片迅速在死者脸部上方剪一幅宽约 4 厘米的半身侧像，刻上眼、鼻、口。这一过程称“取灵”，剪的铜片就好比死者的“灵魂”，俗称“灵魂片”。为了保持死者跟后代“血肉相连”“世代相传”的关系，“灵魂片”要蘸染孝子的指血，由孝子妥善保管，待祭祖时交给族长入祖，实行洞穴葬。至于死者的尸体，僰人认为，既然“灵魂”已被取走，尸体就不重要了，通常在野外土葬，不立墓碑和标记，不再祭扫。

丘北僰人每家都有一具祖棺，祖棺用樱桃树或桦桃树凿制而成，是僰人的“圣物”，由家族中最有威望的族长负责管理。通常，祖棺存放在天然洞穴里。存放祖棺之前，崖穴内的土壤要全部掏干净，安放好祖棺后，洞口要封好，以免被外人发现后移动或破坏。丘北僰人认为：祖先的灵魂只有不被外人看到，不遭日晒雨淋，才能安宁；祖棺只有脱离土壤和大地，灵魂才能顺利进入天堂。

每年农历十月的第一个属蛇日是僰人的祭祖日。祭祖日当天，家族男女老幼聚在一起，杀猪宰羊，在族长的带领下带上供品前往藏放祖棺的地点。族长从洞穴中取出祖棺，当众清点祖棺内“灵魂片”的数目。如果“灵魂片”数目增多，证明族中有人“私自入祖”；如果“灵魂片”减少，则说明有人“盗祖”。众族人当众查明原因后，由族长当场减少或复制“灵魂片”，直到众族人没有异议，才用清酒“洗灵”，摆上供品祭献。仪式结束后，族长会用新的白色麻布包裹好“灵魂片”放入祖棺内，独自抱着祖棺，另外选择洞穴秘密安放。

僰人这一神奇的葬俗源于何时，没有文字记载。据专家推算，从棺内“灵魂片”氧化程度看，至少有500年左右的历史。整个洞穴葬的过程，具有神秘的宗教色彩，折射出僰人独特的信仰。

《格萨尔》“神授”艺人

在青藏高原上传唱千年的史诗《格萨尔》，讲述了格萨尔王降临下界后降妖除魔、抑强扶弱、统一各部，最后回归天国的英雄业绩。

“神授”艺人，被认为是受神的差遣在人间传颂格萨尔王功绩的人。这些具有“天赋”本领的艺人，大多是文盲，却可以用精妙的语言流畅地说唱一二十部《格萨尔王传》。他们自称童年时做过奇怪的梦，梦醒后不学自会，开始说唱《格萨尔》。

神奇的“神授”艺人现象，一直是《格萨尔》研究的难解之谜。

“神授”艺人的奇特经历

我的老家在藏北丁青县一个叫“如”的村庄。小时候我最喜欢的人是外祖父，因为他总是能把《格萨尔》唱得出神入化。在我还小的时候，外祖父突然去世了。

11 岁那年，有一天我在山上放牧时遇到暴雨，就躲进了山洞。雨下个不停，我不知不觉中进入了梦乡。梦中讨债人找上门来，拉起我家的牦牛就往外走。我抢上前去，抓住牛尾巴不放，讨债人松开绳子，回头打我。就在这时，格萨尔大王从天而降，把两个讨债人制服在地。我激动万分……

梦醒之后，我回到家中。父亲见我精神恍惚，就把我送到寺院请活佛治疗。在寺院的日子里，我频繁做梦，每次梦中都会翻看《格萨尔》的书。梦醒之后尝试着回忆，内容都能回想起来。再尝试着开口说唱，发现自己不但能流利说唱《格萨尔》，而且唱完之后会特别开心。

从此我就开始了格萨尔说唱生涯。我不再放羊，跟着去冈底斯山朝圣的人群，一路向西，边走边唱。朝圣路途艰辛，人们都愿意出钱听我说唱。

这是已故西藏著名《格萨尔》说唱艺人、90 岁的桑珠生前向人们述说他自己如何做梦成为一名“神授”艺人的经过。

西藏和平解放前，桑珠四处流浪卖艺，1984 年被西藏自治区社会科学院聘请，录制了 45 部共 2114 盘磁带的《格萨尔王传》，这是目前世界上最全面、最完整的《格萨尔》史诗艺人说唱本。桑珠认为自己的前生肯定曾是格萨尔身边的一个人，中间经过几次轮回，今生再来完成说唱《格萨尔》的使命。

不只是桑珠，很多有名的《格萨尔》说唱艺人都自述有“神授”的经历，如扎巴·阿旺洛桑说自己 12 岁那年梦见被一个青面骑士开肠破肚，掏出五脏六腑，把经卷装入其中；女艺人玉梅，自述 16 岁时梦见仙女和妖怪为了争夺她这个“格萨尔大王的人”而展开搏斗，醒来后她大病一场，病愈后就会说唱《格萨尔》了。

年轻艺人斯塔多杰，自述 9 岁那年在学校宿舍做了个奇怪的梦，梦中他被两个骑兵带到一个帐篷，一位威武将军拿来很多长条书，命令他吃下去，他吃不完，将军就命人强行塞进他嘴里。梦醒后，他满脑子都是《格萨尔》诗篇，如放映录像般清晰可见。他开始不停地说唱，让周围的师生感到奇怪。

20 世纪 80 年代末，全国《格萨（斯）尔》工作领导小组所调查的艺人当中，自称为“神授”的约有 26 人，分布在西藏的昌都、那曲，青海的果洛等地。他们大多是文盲，但是头脑中却保存了非常精彩的格萨尔史诗。

“神授”艺人的故事从何而来?

尽管不同的“神授”艺人所述梦境不同，但从调查来看，这些艺人大都生活在《格萨尔》史诗广泛流传的地域，他们从小就置身于史诗说唱的环境中。

桑珠的外祖父就是一个说唱《格萨尔》的人。桑珠是坐在外祖父的膝盖上长大的，外祖父的说唱在他幼小的心灵中留下了很深的印象。女艺人玉梅，其父洛达是著名的《格萨尔》艺人。父亲说唱史诗时，她总是在旁边认真地听。

在有着“格萨尔文化村”之称的青海果洛藏族自治州甘德县柯曲镇德尔文部落，由于部落成员深信自己与格萨尔王有特殊的渊源关系，因此这个部落有着说唱《格萨尔》的文化传统，这里 200 多户 900 多人，无论男女老少都多少会说唱《格萨尔》。

“‘神授’这种提法，我感觉并不恰当。所谓‘神授’艺人，其实大都诞生在一定的文化土壤里，他们从小耳濡目染，有了一定积累，只不过通过梦把潜藏的记忆激发出来。”西北民族大学格萨尔研究院副院长坚赞才让认为，这个过程与其说是“神授”，不如说更像禅宗里的“顿悟”。

多年研究和走访“神授”艺人的中国社科院藏族文学研究室主任杨恩洪教授认为：艺人们不理解自己没有学过《格萨尔》，为什么可以说唱，实际上他们已经把《格萨尔》的故事装在了大脑里，梦只是一个契机，而且每个艺人一开始并不是会说唱全部的故事，都是从说唱片断开始的。后来经过不断的吸收，会说唱的篇幅才逐渐增加。所以，所谓“神授”只是艺人的一种传统说法。

中国社会科学院《格萨尔》研究中心主任降边嘉措认为，实际上不是“神授”，而是“人授”：这部古老的史诗不是神灵创造的，而是人民群众创造的；不是靠“神的启示”来传承，而是依靠人民群众——尤其是人民群众中最具有艺术天赋和聪明才智的说唱家们来传承的。

为何“神授”艺人有超强记忆力？

“神授”的提法虽然在一些研究专家看来并不确切，但对于艺人们所拥有的超强记忆力和语言表达力，他们还是不得不称奇。

的确，像《格萨尔》这样篇幅浩瀚的巨作，似乎很难依靠大脑的记忆来保存，因此藏族老百姓才对“神授”的说法深信不疑。

但是，研究者们也发现，藏族是一个有着记忆传统的民族。史书上记载，佛教传入西藏以后，西藏本土的苯教受到排挤，有些苯教僧人通过师徒口耳相传的方式将苯教经典保存。在藏文还没有普遍使用的情况下，在偏远的牧区，《格萨尔》也只能依靠记忆来传承。

能说唱《格萨尔》的人，其在记忆方面确实有非同一般之处。如在玉树地震中遇难的“神授”艺人土登迥乃，就不仅会说《格萨尔》，还会说《水浒传》等。而能将《格萨尔》里上千人名记得一清二楚的玉梅，却又很难记住周围人的名字，显示出记忆的某种专注。

美国的有关研究认为，人类大脑如果开发得好，可以记忆一个图书馆的资料。杨恩洪教授认为，《格萨尔》艺人有可能是在格萨尔这一知识领域开发得比较好，因而能记忆更多的知识。当然，这需要艺人本身对《格萨尔》的兴趣。如玉梅，在父亲说唱《格萨尔》时，她听得很专注，而她姐姐在一旁睡大觉，因此她姐姐就没有成为艺人。

此外，杨恩洪教授认为，《格萨尔》艺人是有他们独特的记忆方式的。我们当代人一般依靠纸笔、靠逻辑思维、靠某种上下左右的顺序来记忆，但艺人靠的是录像记忆，像桑珠说唱故事的时候，把眼睛微微地闭上，大脑当中就出现了史诗征战的场面。主人公在什么位置，他骑着什么马，说什么话，对手又是什么，他就根据图像来记忆。一遍遍的说唱，又强化了他们这方面的记忆。

另一方面，《格萨尔》艺人又是具有强烈语言表达能力的人。坚赞才让教授认为，艺人们在说唱《格萨尔》时，并不是一成不变的，而是根据现场有很大的即兴发挥空间。如果听的人多、场面热烈，会激发艺人的表演热情，他（她）会说唱得更生动、更滔滔不绝；反之，他（她）会讲得简略。

女艺人玉梅 26 岁时被录用为国家干部，到西藏社科院录制《格萨尔》，但是她的说唱本领却慢慢丧失了。有的人认为她的本领被“神”拿走了，研究者则普遍认为，正是她脱离了民间的说唱环境，没有了听众，而只能对着录音机录音，才使她有关《格萨尔》的记忆退化了，说唱表达的能力丧失了。

未有定论的“神授”之说

关于“神授”，世界格萨尔学界仍有各种不同的观点，有人认为这只是艺人为了抬高自己的社会地位而杜撰的；有人认为这是艺人不明白为什么会产生创作冲动，就真心地认为是神的意愿；当然，也有人认为确实是“神授”……

不过，这其中确实有一些难以解释的现象。并不太认可“神授”说法的坚赞才让教授，也谈到调查中在青海治多县见到一位30多岁的男艺人，只要燃起桑烟，在香烟缭绕中他就好像不是他自个儿了，眼珠转动，如神附体一般开始滔滔不绝地讲《格萨尔》。

也有人声称，亲眼见过有的《格萨尔》艺人在说唱前进行某种仪式，一旦进入说唱状态就停不下来，别人强行中断后艺人会出现昏厥等奇怪症状。

从理论上说，人类大脑的储藏量是惊人的，即便记下篇幅浩大的《格萨尔》，也只是占据了大脑的一小部分。但实际生活中，却有一些艺人的奇特经历无法解释。在没有定论之前，目前的各种观点还都只能认为是假说。

长寿的巴马瑶族

据我国第五次人口普查数据显示，在广西巴马瑶族自治县，90岁以上的老人达608位，其中百岁寿星77位，更有3位超过110岁。这一罕见的长寿现象，吸引了无数渴求长生的海内外游客前去巴马旅游、探秘。有人说，巴马长寿的秘密藏于风水之中，有人说在于他们拥有与众不同的遗传基因。

名副其实的“长寿之乡”

根据联合国的规定，长寿地区的标准是每百万人口中要有75位以上的百岁老人。目前，全世界有5个地方被国际自然医学会认定为“长寿之乡”，我国的广西巴马、新疆和田赫然在列。其他3个分别是巴基斯坦的罕萨、外高加索地区及厄瓜多尔的比尔卡班巴。其中，巴马人口不足30万，百岁老人已超过75位，并仍在不断增长，是世界五大长寿之乡中百岁老人分布率最高的地区。

罗妈政，生于清咸丰年间，于20世纪90年代初无疾而终，被认为是巴马当代最为长寿的百岁老人，在她年满

130 周岁时，还眼不花耳不聋，与他人对答如流，甚至能穿针引线。

罗秀珍，生于清光绪年间，118 岁时身体依然硬朗，不时上山打柴、捡猪菜，有时为了防滑，她干脆把鞋子脱了，赤脚在石缝中行走，令人叹为观止。

黄布铁，2005 年接受媒体采访时，已经 104 岁了，但耳不聋眼不花，一头黑发，能麻利地摘猪菜。

黄彩顺，100 岁时仍能穿梭织布，生活起居完全自理。

……

这些健康充满活力的百岁寿星，在巴马瑶族村寨还有很多。人们都想知道，究竟是什么原因，让巴马形成了令人叹为观止的长寿景观？

这一方风水宝地

不可否认，巴马人长寿首先得益于大自然的厚爱。巴马地处南亚热带季风气候区，四季长春，人居自然环境和气候条件十分宜人。最为重要的是，巴马的年平均气温 20℃，正应验了黄金分割律。

据医学专家解释，人在气温 20℃—24℃时感觉最舒适，因为人的正常体温是 37℃，乘以黄金分割系数 0.618 为 22.8℃。在这一温度下，肌体的新陈代谢、生理节奏和生理机能均处于最佳状态。巴马的年平均气温 20℃与 22.8℃非常接近，因此巴马老人长寿首先得到了温度因素的支持。

同时，巴马空气清新，空气中负氧离子含量很高。巴马盘阳河沿岸及石山溪谷的负氧离子含量高达 2 万个/立方厘米，其他乡村也在 2000—5000 个/立方厘米之间，高出工业城市和平原地区十倍至几十倍，是一个巨大的“天然氧吧”。负氧离子对人体健康非常有益，尤其对预防老年人常见的肺气肿、高血压、气喘等疾病效果显著。

此外，巴马是典型的喀斯特地貌，研究表明，喀斯特地形中蕴藏着多种微量元素，能够通过水和各种食物被人体吸收。巴马人自古以来就喜欢饮用当地泉水，有人称那些泉水为“不老泉”。在巴马，已经探明广西最大的常温低矿化度、低钠、含偏硅酸的重碳酸钙型天然饮用矿泉水资源，这些泉水里有 10 多种对人体有益的微量元素。

“天时地利人和，这是破解巴马长寿之谜的关键。长寿的‘天时地利’就是巴马最独特的气候和地理环境。”广西巴马长寿研究所所长陈进超说。

巴马人养生有道

巴马瑶族有许多为长寿助力的生活习惯。他们喜欢劳动，饮食习惯良好，生活有规律。

古语有云：“流水不腐，户枢不蠹。”生命在于运动。巴马的长寿老人自小从事农业劳动，甚至百岁也不闲着，辛勤劳动使他们肌肉发达，血液循环良好。在巴马老人中，很少发现有高血压病。黄家英老人 106 岁时，依然擅刺绣、懂草药，乐于助人，是屯里人人爱戴的“老祖宗”。她说，一天不干活，心里闷得慌。其实不光是巴马，世界五大长寿之乡的人们皆是劳动一生。

巴马人有良好的饮食习惯。多素少荤常喝粥，饭吃七分饱。巴马人经常吃火麻、玉米、茶油、酸梅、南瓜、竹笋、白薯等天然食品。火麻制成的油和汤含有大量的不饱和低脂肪酸、蛋白质、卵磷脂、油酸、亚麻酸、亚纳酸等，经常食用能润燥滑肠，防止年老便秘，降低血压和胆固醇。

国际自然医学会会长森下敬一对巴马进行调查后认为，不饱和低脂肪酸和微量元素的摄入正是巴马人长寿的关键所在。他感慨："对人体生理真正带来健康、长寿的并非是现代西洋医学、营养学作为指导原理的'高热量、高蛋白质营养论'，而是'谷菜食品的营养论'。"

从事长寿研究20多年的巴马长寿研究所所长陈进超认为，当前人们对食物营养的渴求过多过滥，粗粮野菜、适量适当才是健康长寿的基础。

巴马人提倡晚婚晚育，生活有规律。在巴马，有婚后不落夫家的习俗，就是结婚后女方不在丈夫家长期居住。不少人有夫妻分床睡觉的习惯，避免过频的性生活。地处山区的巴马，没有灯红酒绿的夜生活，日出而作、日落而息，与日月山水大自然的运行合拍。这些生活细节，与道家养身之道不谋而合。

同时，巴马人心胸宽阔，乐观开朗，喜唱山歌。巴马长寿老人非常善于应付压力，人际关系也相当和谐。喜唱山歌是巴马瑶族的一大特点，山歌陶冶了巴马人的情操，丰富了他们的生活，为长寿的平和心态供给源源不断的养分。"人要想活到100岁，人要想寿超100年；平时衣着整洁应当先，老式新式也要穿。日常膳食饱三餐，细粮粗粮都香甜；居室布置贵淡雅，坐睡潇洒也安然；晨起散步常锻炼，快慢走跑够三圈……”巴马人传唱的《巴马瑶族长寿歌》，揭开了巴马人长寿的秘密。

遗传密钥

现代医学、生物学研究肯定，长寿是会遗传的。从祖先遗传来的长寿基因既能减缓老化，又能防范相关老年疾病。这也能部分地说明，为什么在巴马这个瑶、壮、汉、仫佬、毛南等 11 个民族共处的地方，长寿老人绝大多数是瑶族。

陈进超透露，巴马县健在的 76 名百岁老人中，68% 出生在有长寿史的家庭中。可以这样认为，相当多的百岁老人具有先天长寿因素。例如甲篆乡平安村巴盘屯 108 岁的黄妈凤老人，她的父亲活到 95 岁，母亲活到 98 岁；已故寿星卢娣花三姐妹，老大卢娣花 111 岁去世，老二卢娣妹 97 岁去世，老三卢娣肖 107 岁还健健康康。

在巴马，瑶族长寿人数明显高于壮族和汉族，且长寿人数最多的为黄、韦、罗三姓，其中黄姓长寿人数占 31%。在世界各地，科学家们也发现了许多类似的长寿家族。长寿的遗传不仅是生理基因，还有文化心理。也就是说，寿星们大多有继承而来的心理状态：乐观、心情舒畅，没有压力，懂得享受生活等。

不可否认，巴马的长寿奇观是多种力量共同作用的结果。巴马的灵秀山川、一花一草，巴马瑶族的淳朴民风、家族传统，一切的一切造就了巴马长寿之乡的神话。用“天时地利人和”六字来概括巴马瑶族的长寿之方，所言甚是！渴望长寿的人们，最需要学习的是巴马人健康的生活方式。

相关链接：新疆和田的长寿村

新疆和田地区于田县的拉依苏村，2400 人的村子里，60 岁以上的老人有 167 人，80 岁以上的老人有 30 人，百岁以上的老人有 16 人。1984 年，世界长寿之乡考察团对这一带进行实地考察后，把这一地区定为“世界第四大长寿之乡”。

专家们发现，拉依苏村树木葱郁，环境优美；长寿老人光脚走路，多吃苞谷、馕和各种新鲜水果；饮用的是昆仑山上积雪融化的富含镁、锰、铁、锌、钙等微量元素的水；他们性格开朗，喜好歌舞……

可以看出，拉依苏村和巴马瑶族的长寿老人们在生活环境和生活方式上有很多相似之处。新疆营养学会名誉理事长、新疆医科大学博士生导师张月明教授说：“长寿老人们的生活习惯体现出一致性。良好的心态对人的身心健康是非常重要的，另外，结合这些长寿老人的经验，我们也看得出来，合理的膳食结构，适量的运动，愉悦的心情，平和的心态，和睦的家庭，这些对人的长寿都是很有帮助的。”

长角苗

在贵州的崇山峻岭中，有一群不同寻常的女人。她们有长发，但不披肩；她们顶着繁重的头饰，但活动自如。长角形的头饰就像长了眼睛，即使人们彼此擦肩而过，长角也不会互相碰撞。这个古老而神秘的苗族支系，因头顶弯起的长角头饰而被称为“长角苗”。

长角头饰从何而来

长角苗的正式叫法是“箐苗”。他们主要聚居在贵州西部六枝特区的梭戛乡，长期远离外界，过着农耕渔猎的生活。长角苗呈弧形弯起的头饰，到底隐藏着什么内涵呢？也许从他们的习俗中能略知一二。

从前，箐苗小伙子喜欢在皎洁的月下，一边吹他们独有的乐器“三眼箫”，一边来到姑娘家门前，将情人唤出。在弯月下，意中人赏月对歌，互诉衷肠。而弯弯的月亮，也因此成为他们崇拜的对象。因此，有人说，长角苗头饰的造型源于弯月。

果真如此吗？为了一探长角苗头饰起源的究竟，更好地保护长角苗文化，贵州省于 1998 年在梭戛乡建起了生态博物馆。第一任馆长徐美陵和专家们希望，从当地的历史文献中寻找长角头饰起源的蛛丝马迹。“长角苗没有自己的文字，也没有关于自己历史的记载。”徐美陵遗憾地说。

受到“月形起源说”的启发，有人认为长角头饰起源于当地人对牛角的崇拜。苗族把牛视为一种圣物。直到现在，苗族还把牛作为祭祀祖先的祭品。梭戛乡的苗族群众在打嘎（祭祀）活动中，就会弑牛祭祖。因此有人说，长角苗形似牛角的头饰，也许是对祖先怀念的一种表现。

在考察过程中，有人告诉徐美陵，长角头饰起源于弓箭。在长角苗看来，弓箭是力量的象征。结合其打猎的传统，长角头饰的形状也不难让人联想起弓箭的造型。

徐美陵说：“面对不同的说法，最终我们找到了清楚祖辈历史的老人。但是，他们说的苗族方言我们听不懂。好在长角苗年轻人中有略懂汉语的，借助年轻人的翻译，我们终于得到了一个代代相传的长角来源的传说。”

据说，长角苗曾有位被称为“苗王”的头领。在一次战争中，敌人盗走了苗王的神鞭，苗王因此失去了法力。战争结束时，苗王奄奄一息。他叮嘱族人说：“大家把树枝插在头发上，这样敌人就不敢追赶我们了，他们会以为我们又造出了新的神器。”遵照苗王的叮嘱，人们头插树枝，经历许多磨难后，最后落脚在梭戛乡。后来，村民就佩戴长角头饰，以纪念苗王。

最终，徐美陵和有关专家从老人讲的“树枝起源说”出发，结合长角苗生产生活的条件，理出了一个大概的脉络：最初，这支苗族先民用树枝挽起缕缕长发。由于在耕种过程中，人们与牛为伴，久而久之，村民对牛的依赖心理就转变为对牛角图腾的崇拜。逐渐地，先民插在头上的树枝换成了牛角的样子。可是在生活中，村民常常受到鹿等野兽的袭击，于是大家就用头发把木牛角缠起来，并用白色的麻线绑紧，以此来迷惑野兽。由此，长角苗独特的头饰就产生了。

男性也曾戴长角

如果说女子戴长角头饰还能解释，那么男性戴长角就让人感到奇怪了。徐美陵说："自古以来，当地的苗族村民在打猎时，经常要穿梭于茂密的树林和灌木丛之间。在钻树丛的时候，由于猎人手上拿着武器，就在头上佩戴长角形状的头饰，来遮挡身体两边的树杈，防止被划伤。"

长角苗男子的长角头饰和女子的完全一样，只是小得多。过去的男子都有辫子，平常不戴角时，就把头发编起来，用头帕包裹着盘在头上。

20 世纪 60 年代后，越来越多的男子剪掉了发辫，也就无法将长角固定在头上，角更绾不起来了。虽然现在看不到长角苗男子戴角，但是他们裹头巾的习俗却流传了下来。在节日期间或者重要活动场合，长角苗男子依然会穿着民族服装，头上戴着头帕。

奇特的头饰怎么盘

长角苗硕大的头饰重不重呢？答案是肯定的。长角苗的头饰有十多斤重。现在只有在婚嫁或者节日时，长角苗女子才会佩戴头饰。平时，她们就把长发盘在脑后，用一把木质角梳一插。可是在以前，长角苗女子在日常生活中，也要佩戴硕大的头饰。

中国艺术研究院安丽哲博士曾在梭戛乡进行了为期 4 个月的田野考察。她在《从遗产中解读长角苗服饰文化》一书中说："据老人讲，以前戴着头饰去地里挖洋芋，因为头饰太重，所以需要牢牢地捆在头上。弯腰的时候，整个脑袋几乎都要栽下来。"

那么，这硕大沉重的长角头饰是如何盘起来的呢？徐美陵说："盘发的关键，在于一把月牙形的大木梳。它不仅是整个发型的支撑骨架，而且在平时，长角苗女性在耕作中都要带着它。梳子越大越好，最大的有 2 尺多长。"

而将头发盘到大木梳上，也是有讲究的。徐美陵说："头发要呈倒八字缠到木角上，而且不能乱糟糟的，要捋顺了才行。盘好后，用一根白头绳把头发系紧。盘好的头饰不能太松，太松就会散掉。手艺不娴熟的妇女往往花上一个多小时，也不一定能盘好。"

盘成长角头饰的头发到底要多长呢？安丽哲博士记录的头发长度在 1.7 米左右。长角苗女子将积攒下的几代人的长发，掺着麻线搓成一小股一小股的辫子。佩戴长角时，再把这些辫子一圈一圈地盘起来。

可是几代人的长发从何而来呢？原来，在平时梳头的时候，长角苗女子不会随便丢弃脱落的头发，而是将其存放在一个特殊的柜子里，积攒起来盘在头上。长角苗认为，长发是生命繁衍的一部分，需要代代相传。

新型头饰越发硕大

如今，随着生活水平的提高，长角苗妇女开始在长角头饰中掺入黑色的毛线，这样一来，头饰的份量就减轻了很多。但是为了保持传统，她们仍在头饰中编入母亲、祖母的头发，以示晚辈对祖辈的尊敬。

以前，长角头饰的长度大多不超过肩膀。如今，由于头饰重量减轻，大的头饰更加流行。新型的长角头饰不但高，而且长度大多在半米左右。这种硕大的头饰和长角苗女子娇小的身形相互映衬，更显漂亮。每当传统节日到来的时候，长角苗女子就会从柜子中取出长发并盘在头上，与人们一起欢歌跳舞，延续独特的文化。

那　事

十月太阳历

在我国西南彝族聚居的地方，保留着许多向天坟。据说，这里是毕摩观象和祭天的场所。

在彝区的深山峡谷中，散落着人们关于彝族十月太阳历的记忆片段。据说，这种古老的历法能够破解许多古老的谜题。

一年只有十个月的历法，一些可以观测天象的坟墓，这些神奇的现象，应当如何解读？

向天坟背后隐藏的秘密

在云南楚雄市子午镇以口夸村的山顶上，有一些奇怪的东西。它们个头不大，分为两到三层，最顶端是一个被打磨得很光滑的圆形石头，看起来有点像是个微型的金字塔。

在云南楚雄彝族自治州禄丰县高峰乡，那里的山头上有一个巨大的建筑。它同样也是圆形的，依山而建，分为三层，规模宏大。

它们到底是什么？为什么形式非常相像，体积却又如此悬殊？这是巧合，还是另有关联？在它们背后，又隐藏着什么样的秘密呢？

为了解开这些谜团，2010 年，央视《走遍中国》栏目组来到了子午镇。原子午镇文化站站长杨天才从小就生活在子午镇，他说：“听老人说，这些充满了神秘色彩的东西，是白彝坟。白彝，是彝族的一支。”过去，杨天才曾见过有人挖坟里的东西。“石头搬起来，里头就有一个陶罐。陶罐上有一个盖子。陶罐里面有一些骨灰和烧不烂的骨片。”杨天才说，彝族人自己管这种坟叫向天坟，这种坟墓除了用来埋葬逝者的骨灰，还别有用途。

“用一根杆立在位于中点的那个向天坟上，可以测太阳落下来的影子，定每年的寒暑。”杨天才说。为了证明他的观点，他还提到了一种古老的历法——彝族十月太阳历。

在禄丰县高峰乡，还有一座截然不同的向天坟，其景象令人震撼：整个山头就是一座坟墓。坟墓分为三层，由巨大的石块垒筑而成。站在高台之上，群山尽收眼底，气势非凡。与子午镇的向天坟相比，高峰乡的向天坟规模要大得多。据说，墓主是南诏土司，生前十分富有，因此其墓葬也颇具规模。

高峰乡的彝族多属红彝支系。向天坟，用红彝的话说，就是对着天或者门向天开的墓葬。奇怪的是，在高峰乡也流传着一种说法，即向天坟还有其他作用——它是古人用来观测天象的一种工具。

楚雄彝族文化研究院研究员普珍长期从事彝族文化研究工作，她说：“向天坟是彝族古代独特的墓葬形式，因其坟顶向天，故名向天坟。”她介绍，考古天文学是新近发展起来的属于天文学史和古天文学领域的一个新的分支。在中国这块广袤的土地上，过去几乎没有人注意过与天文现象相关的古代遗址，但这并不意味着我国没有与天文观测有关的遗迹，向天坟就是其中之一。

最先将向天坟纳入研究视野的，是民族学家刘尧汉、卢央。1983年冬，彝族学者刘尧汉、卢央在黔西北威宁彝族回族苗族自治县考察途中，获知当地彝区有向天坟，随即进行了现场考察。此后，他们又前往弥渡、雷波、楚雄等地，对分布在黔、滇、川三省的彝族向天坟作了考察。刘尧汉、卢央在1985年发表的《中国考古天文学的一大发现——彝族向天坟的结构与功能》一文中称，彝区向天坟共有100多座，其形状分别有圆台、圆环、圆锥和三圆台金字塔形等多种类型，其内放置墓主的骨灰。在古代，向天坟的原始功用是观象和祭天，它实际上是彝族毕摩用来综合观察太阳运动和北斗星斗柄指向，以定岁时季节的彝族十月太阳历观象台。

“现今彝区遗存的向天坟，是由古代彝族观象台演变而来的一种独特的墓葬形式。这是彝、汉典籍中所未记载的，也是前所未知的，因而，它在中国天文史乃至世界考古天文学领域一枝独秀，别具特色。”普珍说。

十月太阳历存在的证据

“一年有10个月，数这个月最好。一个月有36天，数今天的日子最好……”在楚雄彝人古镇艺术团里，有一位叫郭春柔的女孩会唱一首古老的彝族酒歌。从这首酒歌中，能真真切切发现彝族十月太阳历的影子。每次演唱前，郭春柔都会仔细地穿好彝族盛装。她对古老历法的尊重，不禁让人对十月太阳历充满了好奇。据说，彝族一年一度的“火把节”也与十月太阳历有着深厚的渊源。

众所周知，目前，在我国使用着两种历法，一种是世界通用的公历，它以地球绕太阳公转一周为一年；还有一种则是中国传统的农历，它同时以太阳和月亮的运动为参照。中国的许多传统节日，比如春节、端午、中秋，都是以农历来计算的。但无论是公历还是农历，这些历法都是一年12个月。而彝族的十月太阳历，一年却只有10个月。十月太阳历真的存在吗？它和我们今天使用的十二月历有什么区别？

“历法是人类文明的重要标志之一。人类早期渔猎、游牧、农耕，必须仰观天象，俯察草木枯荣，区分气候，以定季节年月，由此产生了历法。彝族十月太阳历正是彝族先民在生产生活中创立的一种古老的历法。”普珍说，十月太阳历的基本结构和特点是，一年10个月，分五季，每季两个月，单月为雄，双月为雌；一个月36天，一季72天，一年为365天，另加5至6天（每隔3年到第4年为闰年加一日）作为“过年日”（或“祭祖日”），平均每年365.25天，与太阳年即回归年接近。

普珍介绍，十月太阳历用以虎为首的十二属相轮回纪日，三轮为一月；又用以虎为首的十兽纪月；再以八方轮回纪年。它以太阳运动到达最南点时为冬至，到达最北点时为夏至；又以北斗星的斗柄正下（南）指为大寒，正上（北）指为大暑。按照彝族习俗，大寒附近过“十月年”，大暑附近过“火把节”。直到现代，云南、四川、贵州、广西四省区的彝族民间，仍然盛行过“火把节”和“十月年”。这一传统习俗，有力地证实了十月太阳历在彝族民间存在的客观性和普遍性。

在陈久金、卢央、刘尧汉合著的《彝族天文学史》一书中，作者指出，随着与外界文化交往的增多，大部分彝族地区都已通用阴阳历了，十月太阳历逐渐被遗忘，但这种历法的新年却一直保留。“有许多彝族同志告诉我们，他们那里现在已经不用十月太阳历了，但凡在5天过年日中出生的孩子，男孩一律算作上一年出生，女孩则算作下一年出生。这些都是太阳历的遗习，也是存在过十月太阳历的间接证据。”

一把认识古代文明的钥匙

在《西游记》中，孙悟空拜师求艺时，他的师父说：“我这里有隐身潜行变化之术，分为两种。一种是三十六般变化，一种是七十二般变化。”对于这个片段，大家都不陌生。而孙悟空七十二变、猪八戒三十六变的神话，更是妇孺皆知。奇怪的是，为什么变化的数字偏偏是“三十六”和“七十二”呢？

“三十六”与“七十二”在我国传统文化中是两个富有神秘色彩的数字，频繁出现在各种场合：《孙子兵法》中有三十六计；传统武术套路中常有三十六招式；皇家园林避暑山庄有三十六景；孔子有弟子三千，贤人七十二个；《水浒传》中有三十六天罡、七十二地煞……另外，人们还喜欢用“三十六”“七十二”来描绘美景，像武夷山有三十六峰七十二洞，黄山、衡山、嵩山亦有七十二峰。那么，这两个数字到底有什么来历呢？对此，过去曾有过种种解释，但都未能令人信服。然而，若用彝族十月太阳历去解释，便可了然。

“闻一多先生曾以《七十二》为题，对这个数字进行考证，认为这个成数是中国历史上‘一种文化运动的表征’，‘却不知道它的来历如何’，因而坐实这问题意义重大。其实，‘三十六’和‘七十二’正是源于十月太阳历——一个月36天，一年五季，一季两个月72天。惟有这样，方可破译这一千古难解之谜。”普珍一语道破“天机”。

近30年来，刘尧汉等学者通过对彝族十月太阳历的深入研究，破解了一道道文化谜题。比如，究明中国最古老的历书《夏小正》是十月太阳历，它与彝族十月太阳历同源于远古羌戎“虎历”，从而纠正了千百年来注疏家和研究者把它说成是十二月阴阳历的错误。又如，解开了郭沫若等大家集校《管子·幼官图》无法解释其一年30个节令的难题。原来，彝族十月太阳历按十二属相轮回纪日，3个属相周即36日为一月，360日为30个属相周，一个属相周为一个节令，故而，30个属相周即为30个节令，一年有30个节令。

斗转星移，沧海桑田，彝族十月太阳历如今已淡出了人们的生活。但作为一项宝贵的文化遗产，它仍将引领人们去破解许多文明之谜。

“蒙正”苗族的母系遗风

在贵州安顺市镇宁、紫云、西秀三地交界处，生活着一支自称“夜郎王后裔”的“蒙正”（遗留下来之意）苗族。这支苗族同胞的身上，至今还能看到母系氏族社会的影子。文化研究者指出，随着改革开放的深入，民族之间的交融，“蒙正”苗族中尚存的母系氏族遗风正在逐渐消亡。

“蒙正”苗族，沿袭“母女连名”习俗

在贵州安顺市镇宁布依族苗族自治县江龙镇、西秀区岩腊乡和紫云苗族布依族自治县猫营镇一带，生活着一支由约2.5万人组成的“蒙正”苗族。一直以来，他们均称自己是“夜郎王后裔”，一直供奉夜郎竹王。

在“蒙正”苗族生活的区域，至今还保留着据说与古夜郎相关的一些古遗迹，如竹王祠、活人坟、大干丈古城，等等。此外，“蒙正”苗族中，除了贵州省级非物质文化遗产“竹王崇拜”外，还保留着许多令人惊叹的奇风异俗。

杨吴氏已80多岁，她的丈夫叫杨兴安，与她同岁。夫妇俩一

直生活在镇宁自治县江龙镇白杨村。这里，正是这支“蒙正”苗族同胞生活的中心区域。

在公安部门登记办理的户口簿和身份证上，她的名字是“杨吴氏”，但此外，她还有两个名字。小时候在娘家，杨吴氏的乳名叫“棒旧”，当她成年嫁给白杨村的小伙“九清”（杨兴安）后，她的名字便随丈夫的最后一个字改成了“抱清”。

此后，寨子里的同辈人便开始叫“棒旧”为“抱清”。在苗名中，“抱”字是对婚后女人的尊称。

除了“随夫改名”外，在这支自称为“夜郎王后裔”的苗族中，竟然还有母系氏族社会的遗迹。这主要表现在“蒙正”苗族“母女连名”的族谱上。

而这种“母女连名”的情况，在“蒙正”苗族中普遍存在。“蒙正”苗胞们都说，“母女连名”的制度是祖祖辈辈就遗留下来的，传了多少代，他们也说不清楚。

男女有别，女随母来子随父

“母女连名”是怎么一回事？以“九清”“抱清”夫妇为例。“抱清”“九清”夫妇先后生育了5个女儿、2个儿子。5个女儿分别在生下的第三天，按这支苗族沿袭下来的规定，由母亲“抱清”做主，分别取名为：清玲、清皆、清戎、清买、清幺。而另两个儿子的取名，便没“抱清”的事了，主要由公公做主改名。

“九清”“抱清”夫妇说，他们的大女儿“清玲”成年后，嫁给了一个叫“汪”的小伙，结婚的次日，女儿“清玲”的名字便随丈夫“汪”改成了“抱汪”。一年后，“抱汪”生下了一个女儿，按照规定，“抱汪”和母亲“抱清”一样，在女儿生下来的第三天，为她的女儿取名为“汪清”。

上述这种母亲给女儿改名的习俗或制度，即是“蒙正”苗族中的母女连名族谱。

在“蒙正”苗族中，男性除了户口簿和身份证上的汉名外，同样也有两个苗名。“蒙正”苗族的男性出生后的第三天，爷爷便会给他取一个乳名，乳名的前一个字，是刚出生的男孩父亲名字的最后一个字。

还以“九清”为例，他父亲的成人名叫“长九”，“九清”生下来的第三天，爷爷便给取名为“九清”。而当“九清”与“抱清”（棒旧）结婚生下 5 女 2 男后，按规定，“九清”的父亲“长九”便分别为“九清”的两个儿子取名为“清福”“清八”，这即是“蒙正”苗族中父子连名族谱。

“母女连名”，为了“清针线”

“蒙正”苗族中，“母女连名”的作用就是“清针线”。所谓“清针线”，就是“清理”母系氏族的族谱。这主要体现在婚姻上。“蒙正”苗族青年男女到了谈婚论嫁的年龄，家族中母亲的作用便开始凸显。她要忙着“清针线”，即沿着“母女连名”的族谱，清理“准媳妇”或“准女婿”的母亲，这犹如查“祖宗三代”，看他（她）们的母亲是哪一个家族的，“干不干净”，有没有“蛊”。如果盘查下来对方“针线干净”、没有“蛊”，那这桩婚事便成了，反之，就托词不答应。

传说中，“蛊”是一种人工饲养的毒虫，放蛊是我国古代遗传下来的神秘巫术。在“蒙正”苗族中，“蛊”一直是令人害怕而又厌恶忌讳的。

杨吴氏笑着说，她嫁给杨兴安之前，杨兴安的母亲也沿着她的“母女连名”查过她的“祖宗三代”，发现她母亲“针线干净”后，她才与杨兴安结了婚。而当她与杨兴安的7个子女长大成人后，她也分别盘查过5个女婿和2个儿媳母亲的“针线”。

由“清针线”的习俗，“蒙正”苗族中的妇女地位之高可见一斑。

但“蛊”究竟是什么东西，杨吴氏和杨兴安笑着说，这只是个传说，大家都没见过，现在看来是迷信思想。

据说，盘查中，如果听说“准女婿”或“准儿媳”的母亲支系中有“蛊”，还不能明说，不然，对方会找麻烦，要你把“蛊”给她找出来，否则不会善罢甘休。20世纪90年代以前，因说别人家中有“蛊”，在这支“蒙正”苗族中引发了不少纠纷。

母系氏族，正在渐渐消亡

女的“清针线”，男的就“清家族”。与妇女掌管家庭中婚姻不同的是，父系的“清家族”主要体现在家族祭祖上。在每次隆重的祭祖仪式中，祭师要将从父辈起三代以上逝者的名字念出来。

族谱的传承仅靠口传心记，因此祭祖时祭奠最多的人家，可上溯到9代左右，而一般人家，仅能够记住3至5代先祖的名字。

长期研究“蒙正”苗族文化的镇宁县竹王文化研究会会长杨文金说，现在的“蒙正”苗族中，其实是父系氏族和母系氏族并存。

他说，数千年前，“蒙正”苗族一直处于女性主导的母系氏族社会，此后，随着社会生产力的发展和男子在生产活动中突出地位的出现，原来男女在氏族中的地位发生重大变化，母系氏族开始向父系氏族过渡，但还未形成真正的父系氏族，就这样，“蒙正”苗族“母女连名”制度便一直沿袭下来，一直到今天。

但进入 20 世纪 80 年代后，“蒙正”苗族的年轻人走出大山到外打工，有的与其他民族通婚。杨文金说，与外族通婚后，这一代年轻人在婚姻上便不“清针线”了，而且也不再“母女连名”，母系氏族族谱开始逐步淡化。

面对这种情形，杨文金喜忧参半。他说，“蒙正”苗族走出了大山，有了新的发展，这是好事，但再过 20 至 30 年，可能再也看不到这个支系中的母系氏族的影子了。

湘西赶尸

在20世纪初期的湘西地区，如果你在夜间赶路，就有可能遇见一队神秘行人。领头的人口中念念有词，边走边敲着阴锣，跟在后面的人身穿黑袍、头戴斗笠，走路悄无声息。确切地说，他们不是人，而是没有生命的尸体，这就是神秘的湘西赶尸。

在网络上搜索“湘西赶尸”，可以得到千万条相关信息，但无一例外都与“灵异”“恐怖”等字眼联系在一起。其实，湘西赶尸已经消失了半个多世纪，但好奇的人们还是热衷于探究它的内幕。

解放军战士遇上赶尸队伍

关于湘西赶尸的最后记载见于20世纪50年代，讲述的是两个解放军战士的遭遇——

> 20世纪50年代初，湘西地区刚刚解放，但形势极为复杂。两个便装的解放军战士在执行任务时，忽见两个打扮怪异、行踪诡秘的黑衣人。怀疑这二人可能是犯罪分子，解放军战士遂跟踪他们行至一家客栈。

客栈老板告诉解放军战士，这伙人是赶尸的，前面的是赶尸匠，后面的是尸体。解放军战士不信这个邪，决定敲开门一探究竟。

门敲了半天才打开，开门人是赶尸匠，而尸体仍戴着斗笠，站在墙边黑暗处。检查后，解放军战士未发现异常，只得离开。

回到房间的解放军战士琢磨这件事，仍觉得十分蹊跷：难道尸体真会站立行走吗？突然，一个战士想到，当时赶尸匠的饭桌上摆着两副碗筷，难道死人能吃饭？

解放军战士决定继续跟踪调查。然而，跟踪了很久，仍未发现异常，两人终于按捺不住，截住了赶尸匠。这时，他们有了奇怪的发现。

这则见于当时的报道，证明了赶尸现象存在的真实性。那么，赶尸到底是起于何时，又缘于何故呢？为何唯独只有湘西苗族才赶尸呢？

相传几千年前，苗族的部落首领蚩尤在黄河岸边与黄帝部落厮杀，直打到尸横遍野，血流成河。要撤退时，蚩尤对身边的军师说：“我们不能丢下战死的弟兄不管，你用点法术，让这些弟兄魂归故乡。”军师在尸首中间默念咒语，祷告神灵。作法后，原本躺在地上的尸体都站了起来，跟在蚩尤高举的符节后面向南行走。追兵赶来，蚩尤和军师联合作法，引来五里大雾，将敌人困在大雾之中。

传说，由于蚩尤的军师最后使用的是雾术，而“雾”笔划太多，于是后来写作巫术。“巫”字上面一横代表天，下面一横代表地，中间的一竖代表符节，两边的人，右边的代表蚩尤，左边的则代表军师。

这个传说的真实性已不可考了，但是巫术在苗族地区盛行却是不容置疑的。研究表明，苗族是我国较早发明兵器、刑法和巫术的民族，在一些苗族聚居区，至今仍保留着浓厚的巫文化传统。赶尸，某种程度上正是湘西巫文化的体现。

湘西地处湘鄂川黔交界的武陵山区，土地贫瘠，人们多赴川东或黔东一带以采药或狩猎为生。那些地方多崇山峻岭，山中瘴气很重，恶性疟疾流行，除了湘西苗人，没人愿去。人若死在那里，怎么办呢？

在传统中，湘西人运尸归葬的观念很深，他们相信，如果客死异乡的游子不能回故土安葬，他的魂魄就会变成孤魂野鬼。但是，在上千里的崎岖山路上，即使有钱也很难用车辆或担架运输尸体。于是，在巫术盛行的湘西，由于有实在的需求，大概从明清起，赶尸出现了。赶尸的范围从湖南常德到靖州，西南可到云南、贵州边境，向西可到重庆涪陵。

“行走的尸体”

中央电视台《走遍中国》等栏目组曾调查过湘西赶尸，找到几个自称见过赶尸的人。老人卢万金说，他是八九岁时（1939 年）第一次看见赶尸的，当时觉得很奇怪。老人雷万喜说，经历过民国时代的人，大多看见过赶尸。

湘西人伍贤佑自述，1963 年，他 15 岁，跟随父亲在西水河放木排，有一天在河滩休息时，碰到赶尸。只见赶尸人对着尸体说：

“牲口，起来！”然后，尸体慢慢就起来了。赶尸人又喊：“走！”尸体就向前走。

在香港的僵尸类型片中，僵尸都是双臂前举，走路一跳一跳的，动作僵硬。因为，据说人死后关节是不能弯曲的。但是，据几位目击过赶尸的人讲，他们见到的“走路的尸体”和活人一样双臂自然下垂，膝盖可以弯曲，能上下坡。

但是，正像看魔术表演一样，即便亲眼看过赶尸也不能证明尸体确实能够行走，因为目击者有可能被类似魔术的障眼法所蒙蔽。

近年来，人们不断解密赶尸现象，出现了不同的说法。2006年，台湾一家刊物发文认为，赶尸人是将竹竿从死者腋下穿过，并将手臂捆绑在竹竿上，尸体穿着宽大的寿衣，遮住了竹竿，而赶尸人则扛着竹竿走。由于竹竿受力后弯曲，带动尸体晃动，在夜里看上去就像是直立的尸体双手平举在跳跃一般。

但是，很多人认为这种说法是根据香港僵尸片中的造型臆想出来的，与实际的湘西赶尸情形不符。在湘西，关于赶尸，学者们有两种说法：

一是背尸说。一般是师傅带着徒弟，两人或三人轮流背尸回乡。由于身上罩着黑色大袍，且在夜间行走，行人只能远观，看不真切，以为是尸体在行走。

前文讲到两名解放军战士截住了赶尸人，让他们诧异的是，这次看到的赶尸人并不是前面在客栈看到的那个！他们赶紧掀开尸体的袍子，发现下面还藏着一个活人，正是他驮着尸体在行走。原来所谓赶尸就是师徒二人轮流背尸。

二是分尸说。这种说法认为，赶尸人将死者的头和四肢分解，将躯干就地掩埋，只把头和四肢带回乡，一路装神弄鬼只为掩人耳目，等到家后扎个草人做身子，再安上头和四肢。

赶尸有个规矩，就是死者到家后家人要回避，只有等尸体装殓后，家属才能看。这时候家属看到死者须眉毕现，确是自家亲人，且一时只顾悲伤涕泣，谁会去细究这中间的把戏呢？

所以，赶尸人接活也是有选择的，一般在秋冬两季，这客观上延长了尸体腐烂的时间。此外，病死、自杀或遭雷劈火烧的尸体不赶，以免给自己惹晦气。

揭开神秘的面纱

无论是背尸还是分尸，都有一个关键的问题，就是尸体的防腐，因为赶尸的路都在山区，少则需十天半月，多则一个多月。

学者研究认为，湘西的崇山峻岭生长各种草药，苗族先民总结出一套独特的苗医苗药体系。其中，有一项是对尸体做去水处理后，进行草药熏蒸，尸体就可以长时间不腐烂。

此外，学者们认为，湘西苗族较早地掌握了炼朱砂的本领，朱砂加热后会还原成汞，而汞是最常见的防腐材料。赶尸一般除了祖传的神符外，还少不了朱砂。

吉首大学副教授陆群经过调查，写下《湘西赶尸》一书。她认为，赶尸不在于技术的真实，而在于职业的真实。赶尸作为职业，确实需要赶尸人掌握防腐技术，胆子大、力气大，才能胜任长途运尸的工作，而让死人行走的法术是不存在的。将赶尸神秘化，是为了提高这项职业的门槛和收入。

1994 年，香港一个摄制组到湘西，准备拍一部民俗电影《湘西赶尸》，湘西籍著名画家黄永玉得知后，给电影公司老板写了封措辞激烈的信。信中说："使世人不要误解我们那块正待开发的土地。"在他的坚持下，影片没有拍成。

而今天，在湘西凤凰县，每当夜幕降临，赶尸作为一项民俗用舞蹈形式呈现在游客面前。当神秘的色彩被科学荡涤，人们发现，湘西赶尸其实是特定历史文化环境下楚巫文化的一个小小延伸，是特定人群（如巫师）为满足人们叶落归根的心愿而将某些传统文化资源转化为生计方式的结果。

上刀山下火海

每年的农历二月初八，怒江两岸大山中的傈僳族人都会用上刀山下火海的危险方式，庆祝本民族的重要节日——刀杆节。傈僳族人认为只要拥有神灵的眷顾和无畏的勇气，就可以做到常人不能做的事情。

刀杆节上的表演

云南腾冲的一个傈僳族村寨场坝上，几声火枪响过之后，七八名“香通”（上刀杆表演者）开始为众人表演“跳火舞”。他们上身裸露，光着脚，模仿各种禽兽的动作，在一堆一堆烧红的木炭上，来回跳动，还不时抓炭火在身上揩抹，只见圆浑的火球在他们手中翻滚、搓揉，而他们却毫不在意。经过火的洗礼，意味着新的一年里能够消除各种灾难。

场坝中央，矗立着两根约 20 米长的粗大木杆，木杆上绑有 36 把锋利的长刀，刀口向上，银光闪闪，形成一架高得让人生畏的刀梯。就在人们敬畏担忧之时，上刀杆必不可少的祭祀开始了。

几个穿着红衣裳，头戴红包头、光着脚的勇士，健步来到刀杆下，跪在一幅古代武将画像前，双手举杯过头，口中念念有词，接着将酒一饮而尽。然后，他们纵身跃起，轻盈敏捷地爬上刀杆，双手握住刀口，双脚踩着刀刃，鱼贯而上。最先爬上顶端的人，还要做高难度的倒立动作，燃放鞭炮。几千名观众仰首观望，不时爆发出阵阵喝彩声。

烧得通红的火炭，吹毛断发的刀刃，赤脚踩上去而不受伤，相信普通人是做不到的。然而，云南腾冲傈僳族每年一度的刀杆节上，表演者都要去完成这些危险动作。他们是经过训练的吗？是硬气功，是魔术，还是奇特的技巧？

上刀山下火海的渊源

刀杆节的名气现在越来越大，原因之一是人们还没有真正揭开上刀山下火海的谜底。那么，这其中到底蕴藏着什么秘密呢？

据当地人介绍，傈僳族刀杆节已有数百年历史，是为纪念明朝一位名叫王骥的兵部尚书领导大家抗击外敌入侵而兴起的。同时，也是为了再现傈僳族先民翻山越岭的生活经历及攀藤负葛的艰苦卓绝精神，其主要内容便是“下火海”（亦称“踩火塘”）和“上刀山”（亦称“爬刀杆”）。

仔细观察“火塘”与“刀杆”，会发现“火塘”是由木柴堆成约一丈长、五尺宽、一人高的柴堆。将柴堆点燃，燃烧多时，最后烧成通红的炭火，形成一个大火塘。据测算，柴堆的中心温度可以达到300度。

刀杆的高度达20米左右，用藤条绑了十余把刀刃向上的锋利钢刀。钢刀可以现场检验，要求必须达到吹毛断发的程度才算合格。

表演者要赤脚在炭火上面表演跨步、踏跳等各种动作，还要赤脚踩上刀刃，爬上刀杆顶端再从另一面下来，在表演之后要向周围观众展示自己的身体并无受伤，整个表演才算完成。

表演者的说法

在寻访的4个表演者中，有两个都是16岁的女孩，因此格外引人注目。其中一个叫李生莲，另一个叫杨立凤。令人惊讶的是，这两个女孩学习这种绝技仅仅1个月的时间，就正式进行表演了。而另外两名表演者更表示，完成这些危险性很大的动作是不需要训练的。

事实究竟如何？我们仔细观察他们的表演过程。在下火海和上刀山之前，他们都用一种蒿子叶和树皮做的木香的香灰擦拭身体，尤其是腿和脚的部分，并把蒿子叶咀嚼吃掉，说这样可以起到“消毒”的作用。同时，把一些称为“甲马”的纸符一样的东西扎在腰间和头顶，说这些“甲马”可以带给他们信心和勇气。

之后，他们便开始进行表演。李生莲和杨立凤赤着脚在烧红的炭火上踩过时，火星伴随着周围兴奋的口哨声响成一片，而她们在攀登刀山时，周围的观众也紧张得不敢大声喘气。不论是从火塘里出来后，还是从刀杆上下来后，她们都把脚底板展示给周围的观众看，确实没有受伤。

对于蒿子叶和香灰，经过调查得知，蒿子叶学名“野艾”，确可入药，但并不能解释表演者不受高温和利器伤害的神奇现象。而那些“甲马”，4位表演者解释说，在他们的信仰中，佩戴这些就不会受伤。

有技巧，更要有勇气

表演者的解释当然不能令人满意。原因究竟是什么？在怒江傈僳族自治州的州府——六库的鲁祖村，表演队一位姓胡的队长做了一些解释。

他说，表演中确实有一定的技巧，比如爬刀杆时，手的握法和脚的放法都有一定的讲究，如果技巧运用正确，可以减轻脚底压在刀刃之上的大部分体重。

在这里进行表演的钱小丽则认为，在表演中，技巧其实并不是最重要的，最重要的是表演者的一种心理因素，即具备足够的勇气和信心。对于这种心理作用，她也无法做进一步的解释。

专家认为，一个人的心理发生变化，身体的各项机能有可能也随之发生变化，这些变化会造成一些目前科学还无法进行严格解释的现象。要真正了解这种变化的程度以及规律，则有待于人类的进一步研究。

目前，傈僳族的刀杆节已经声名远播，当地也形成了不少专业的表演队伍。上刀山下火海这一延续了数百年的古老传统，正从中国西南部的偏僻乡村走向世界。无论其中有多少未解之谜，刀杆节都不是因为这些才流传至今的。当高高的刀杆矗立起来时，它代表了一种勇气，通向刀杆顶端的一把把柴刀是傈僳族人勇气和力量的证明，他们用自己的方式证明着一个民族的存在。

千年蛊毒

“整蛊”一词，常用来形容遭到别人莫名的作弄、算计。在湘西苗族地区，人们若是莫名其妙地生病、总是遇到麻烦，会被认为是中了蛊毒。蛊毒作为“湘西三邪”之一，是延续了上千年的神秘文化。那么，蛊真的会让人中毒吗？

最诡异的一种毒——蛊毒

看过《笑傲江湖》的人，一定对其中苗族人在罐子里养毒虫放蛊的情节不陌生。传说中，苗族是最擅长放蛊的民族。而蛊毒，也与赶尸、落花洞女一起，并称为“湘西三邪”。

至今，在湘西农村，村民们有时还会警告外乡人，不要轻易吃别人给的食物，并远离一些人，甚至连村民自己也非常小心。究其原因，就是害怕中蛊。

中央电视台《走进科学》栏目在探秘湘西蛊毒时曾讲述了这么一件事：一天，村民小军突然被恶心和腹痛折磨了一上午。奇怪的是，小军的母亲没有去找药，而是通过观察，断定小军是中蛊了。

什么是“蛊”呢？从字形来看，“蛊”字上面一个“虫”，下面一个“皿”，生动地表示是将虫子放在器皿里。

蛊毒从何而来呢？相传在端午节毒虫现身之时，苗族蛊婆会悄悄地到高山上捕捉各种毒虫，回家后放在一个小罐中。虫子们互相厮杀，剩下不死的毒虫便是“蛊”。

从事湘西民俗研究的吉首大学教授田茂军介绍，放蛊在传说中分为两种。一种是药物蛊，由蛊婆将蝎子、毒蛇、癞蛤蟆等毒虫研磨成粉，和其他添加物暴晒而成。在关键时刻，趁人不备，蛊婆将藏于手中的毒粉弹入外人的碗中或身上，这人就会中毒，甚至不治而亡。二是意念蛊，就是几句咒语、一个眼神、一口唾沫。如果蛊婆想放蛊，那么被蛊婆盯上的人就会莫名其妙地生病，或水土不服，或迷路，总之遇到麻烦。

那么，使小军中毒的蛊是什么时候下的呢？据小军回忆，他清早起来之后遇到了蛊婆，跟她说了几句话。也许就是那个时候，小军被放蛊了。

中毒就要解毒。在湘西农村，草药师是一种祖传的职业，他们不仅能够治疗一些常见的疾病，解蛊也在他们的行医范围内。经过草药师诊断，小军中的是“蜈蚣蛊”。草药师开出了祖传药方。服了几天草药后，小军身上的“蜈蚣蛊”神奇地消失了。

揭开蛊毒面纱

小军所用的药方，被他学医的表弟带回家研究。表弟发现，这种药物的组合是用来治疗中木薯毒的。

小军回忆，在看病时，他曾向草药师说过吃了没有蒸熟的木薯。原来，未蒸熟的木薯含有一定的毒素，吃下去之后会导致人昏迷、呕吐，甚至死亡。草药师并未说明中毒实因，而是说中了“蜈蚣蛊”，其实是为了保持其职业的神秘性。

既然如此，为什么人们仍然对蛊毒深信不疑呢?

实际上，包括蛊毒在内的巫蛊在中国存在了千年之久，已经形成了一种巫蛊文化，民众对其有天然的恐惧心理。《汉书》中记载，汉武帝年间发生了著名的“巫蛊之祸”，起源是陈皇后让女巫念咒、向邪神献祭，也就是行意念蛊。事后，女巫等300余人遭诛杀。

意念蛊并不能使人直接中毒，那么用毒虫制成的药物蛊能让人中毒吗?田茂军教授认为，所谓中毒基本上也是杯弓蛇影，是一种不适的心理反应。

“泸溪县史志办的张自家曾和我说过，1949年底，解放军到湘西剿匪，47军中多数人得了腹泻病。后来有人猜测是村里一个蛊婆在水里放毒，就将她家里所谓的‘毒品’带到县里化验，结果证实这些‘毒品’并没有毒，就是普通的草木灰。实际上，这些来自东北的解放军战士到湘西后，一来水土不服，二来不认识湘西的油桐果实，以为是苹果，摘了就吃，所以很多战士得了腹泻。”田茂军说。

此外，湖南绥宁县中医院的李开妹在《解蛊药方治疗乙型肝炎30例疗效观察》一文中认为，蛊毒的流行范围与血吸虫病等疾病的流行范围基本一致，而中蛊后的发病现象与血吸虫病的症状也极类似。这从一个侧面论证了人们把某些不了解的疾病归咎为蛊毒发病的可能。

其实，对蛊毒这种疑难杂症，早在《本草纲目》中就有记载并给出了药方：“解诸蛊毒，不拘草蛊，蛇蛊，蜣螂蛊，其状如咽刺痛欲死。取胞衣（即胎盘）一具洗切，曝干为末，熟水调服一钱匕。”

那么，蛊婆到底有没有下毒能力呢？田茂军教授认为，有的妇女因为相貌丑陋、家里屡遭不幸、肢体缺陷等原因，遭到人们的疏离，人们便把家人所得的奇怪病症归于她们放毒所致。被戴上“蛊婆”帽子的人被指责、被怀疑，生活在巨大的精神压力之中。有的人为了自卫，就默认“蛊婆”身份，将放蛊作为一种自我保护与反抗的手段。实际上，这些被歧视的妇女是蛊毒的牺牲品。

蛊毒正远离湘西人的生活

巫蛊文化流传千年，为什么以湘西为盛？一般认为，清代“改土归流”之后，中原居民大量迁徙到西南地区。在当时恶劣的自然环境中，人们对陌生的人和物产生恐惧感，思想上容易受到自古形成的蛊文化的强烈影响。另一方面，虽然古代以法律等形式禁止蓄蛊、放蛊，但西南地区地处偏远，草木繁盛，有毒动植物资源丰富，给蛊术兴盛提供了生存空间。为满足某种社会需求，以神秘崇拜为特征、以生物毒药的提取和使用为核心的蛊毒就在湘西地区延续下来了。

为什么放蛊如此神秘呢？这是因为放蛊属于一种巫术，是秘密进行的。放蛊过程极少有人亲眼见过，而蛊婆和草药师为维持其职业的神秘性也对别人秘而不宣，因此与蛊有关的一切也就显得越发玄乎。

田茂军教授认为：“现在的湘西，现实中根本不存在蛊毒。蛊毒只是在人们的脑海中被想象和猜测，在口耳相传中被夸大了。”他进一步解释说，人本身就是感性动物，易受暗示，或者盲目从众。有时候因为某种信仰并不会造成实际的伤害，因此信仰某些事物就成为普遍的价值尺度和评判尺度。人们信仰蛊文化，是一种习惯和环境使然，很多时候是非理性的。

广西民族大学黄世杰教授认为，从文化角度进行蛊毒研究，对认识少数民族的原始文化和原始思维等具有重要参考价值。而对巫蛊文化进行全面的、突破禁区的开放型研究，必然会丰富“大文化”研究的内容。

随着文明的进步，蛊毒已经逐渐远离湘西人的生活。但现在，人们在茶余饭后还会谈起它。随着湘西旅游业的发展，这种神秘文化对吸引游客产生了显而易见的效果，成为湘西苗寨重要的旅游文化内容之一。

田茂军教授说：“现在湘西有关部门在培训导游的时候，特别强调解说蛊毒、赶尸等现象的准确性。”而随着游客的口耳相传，巫蛊文化和湘西优美的风情、淳朴的民风民俗一样，越发充满了神奇的吸引力。

古老侗寨生育平衡的秘方

在贵州古老的占里侗寨，流传着一种据说能决定胎儿性别的草药秘方——“换花草”。如果女人第一胎生的是女孩，“换花草”会让她第二胎生男孩；如果第一胎是男孩，则第二胎会让她怀个女孩。

至今，占里侗寨90%以上的家庭子女均为一儿一女。这种几百年延续至今的生育平衡和节育文化，被有关人口学家称为“占里现象”。

“换花草”的由来

贵州省从江县高增乡占里村，一个处在群山环抱中的偏僻侗寨，却因为拥有一种据说能决定性别的神奇草药，而引来一拨又一拨的探访者、解密者。

“换花草”——果真能偷花换草，决定生男生女？

占里侗寨千百年来人口性别的平衡似乎证明了“换花草”的功效：至今，占里90%以上的家庭子女均为一儿一女。据从江县计生局的统计，1980年至2005年的25年间，占里出生男孩94个，女孩 93 个，几乎各占 50%。

同时，从江县档案局关于占里户口的资料显示：1952 年，占里有 168 户 729 人，2006 年有 168 户 791 人，50 多年来人口增长非常缓慢，成为名副其实的“中国计划生育第一村”。

那么，“换花草”是怎么来的呢？它对调控人口数量和性别比例又起到什么作用呢？

据《从江县志》记载，占里侗寨的祖先原本在广西苍梧郡，由于连年的战乱和饥荒，他们被迫沿都柳江溯流而上，来到占里。占里位于两山夹峙之中，土地较少，清朝中期，随着人丁增多，寨里人经常会因土地和林木砍伐而发生争斗。于是，寨中德高望重的老人仔细思量后，与全寨人商讨，定下寨规：一对夫妇最多只能生育两个孩子，违规者轻则屠杀其所养牲畜，重则逐出寨门。

这样奇特而严厉的寨规一代传至一代，几百年来，竟潜移默化为占里人视为理所当然的行为规范，成为当地民族文化中的重要组成部分。

在占里，很多村民说：家里男孩多，土地就不够分，没有女孩愿意嫁进来；家里女孩多，要的彩礼银两多，没有男孩愿意娶这家姑娘。所以，一男一女正好。

既然一对夫妇只能生两个孩子，当然是有儿有女最好。那么，如何保证每家不多生，且都是一儿一女呢？这就得依靠智慧和药物了，而“换花草”正是当地人摸索出来的“神方”。

“性别药”不胫而走

“换花草”的配方，通常掌握在“药师”手中。吴刷玛，年近八旬，是占里有名的“药师”，据说她掌握的药方能让孕妇在短短的15分钟内顺产。

50多岁的吴仙娥也是当地“药师”。青海卫视等媒体曾采访过她，但她对“换花草”的配方只字不提，只说：“祖师爷说的，不能让别人看。”连她在村卫生室当医生的女儿也知之不详，只知道村里有两口井：男井和女井，要生男就用男井的水煮“换花草”服用，生女则用女井的水。

村里的已婚妇女们，对“换花草”大都讳莫如深，因为她们即便有服用过“换花草”的，也是偷偷找“药师”拿的药。因此，当外面人问及这些妇女“是否吃了‘换花草’、有没有效果”时，她们要么左顾而言他，要么装作听不懂汉话。

尽管连占里人也说不清“换花草”是怎么回事，但不妨碍这一奇事不胫而走。占里村村主任说，这些年来，到占里求药的人不下三四十拨，不乏有人想挖掘其秘方发财的。有一对台湾夫妇，甚至在占里住了很长时间，但最终还是无功而返。有人说是“药师”恪守祖训，不传外人；有人说这毕竟是违反政策、违背天伦的事，所以“药师”有所禁忌。

但是，奇怪的是，在网络上，不但出现了卖“换花草”的网店，百度上还有“换花草吧”，网友在一起讨论服用“换花草”的有效性等问题。

在一家名为“换花草生儿子秘方网”的网站上，赫然标示着“一个神秘的民族，一种神秘的奇药，一个改变你家庭的配方”，并出售“换花草”茶、“换花草”酒等，针对不同年龄的夫妻，分别有1980元、2280元等不同价位的产品。网站主人自称是贵州黔东南州民族医药学会会员，其药方出自占里老“药师”吴刷玛之手，且声称做了 3 年多，成功率在 98% 以上。

不乏有求子心切的网友购买所谓“换花草”茶的，有人用后表示“果真有效”，有人说“是骗人的，用了还是生了女儿”。

“换花草”的几大谜团

在“求子”观念影响和商人操弄下，本来就扑朔迷离的“换花草”显得愈发神奇，而围绕“换花草”的几大谜团始终未能揭开——

谜团一：“换花草”真颜如何？

按照“药师”吴仙娥的说法，“换花草”应是一种植物的根茎，似藤非藤，只有在农历八月十五，在山壁陡峭之处采下晒干，熬至成药，方能达到调节性别的药效。

贵州黔东南州文化研究所所长吴佺新是占里人，他说，叫“换花草”的草药并不难见到，神秘的是被制作出来的复方“换花草”，外人不知道其配方。

但是，网上却出现了所谓“换花草”配方，包括用陈皮、清半夏、茯苓、炒苍术、知母等 20 余味中药，不知这个配方所从何来。

谜团二：“换花草”是孕前服还是孕后服？

按照占里人的说法，“换花草”是在妇女怀孕后的 3 个月内服用，从而达到改变性别的目的。但根据现代科学理论，妇女在受孕之时，即精子与卵子结合时，胎儿的性别即已确定，怎么可能靠吃药来改变？

目前，网上卖的所谓“换花草”要求在准备怀孕阶段服用，似乎更合情理。但是，真正的“药师”并没有给出确切说法。

谜团三："换花草"是女人服还是男人服？

"换花草"的配方据说是传女不传男，所以"药师"大都是女人，而求药的也是妇女。

但是，网上兜售的"换花草"却明确说给男人服用，为了促进男人Y染色体的活力，而Y染色体与女人X染色体结合而成XY，就是生男孩了。

专家解读"换花草"

吉首大学人类学与民族学研究所所长罗康隆多年从事侗族文化研究，他说，其实不只是占里，包括周围的小黄、黄岗等侗族村落，过去"侗款"中都有限制人口以维持水源、田土资源平衡的规定，这从当时的地名就能看出来，如占里称"百五占里"，黄岗称"百五黄岗"，就是说立村之时规定只有150户。但是，解放后，其他村落人口增长较快，占里因地处偏僻，内部控制严格，所以维系着人口的低水平发展。

罗康隆在占里做过调查，发现当地确实对于控制人口及性别有些技术性手段，"换花草"也是存在的。但他认为，性别比例的平衡，有时是通过流产和溺女婴来达到的，即有经验的老人提前判断孕妇第二胎的胎儿性别，如果第一胎是女孩，第二胎仍然可能是女孩，就吃药流产；如果判断失误，第二胎生下来是女孩，过去有将女孩溺死的做法。

占里人吴佺新也承认了过去溺女婴现象的存在，但他认为"换花草"的效用是不可否认的，他本人就见证过朋友服用"换花草"而产生作用的。他相信，"换花草"是当地人适应环境而产生的民间智慧，可能无法用科学去解释，但的确是当地传统知识的积累。他介绍，几年前，国家自然科学基金曾经准备在占里立项研究这种药物的使用，但后来考虑到计划生育政策等因素，这个项目就叫停了。以他的经验来看，目前网上叫卖的“换花草”肯定是假的。

贵州大学人文学院教授张晓多年来进行妇女问题研究，她认为如果“换花草”真的存在，对于当地妇女是好事。因为现在计划生育所涉及的结扎等手术，很多少数民族妇女是颇为畏惧的，而且由于民族地区医疗条件有限，结扎等手术有可能带来健康隐患。如果真有“换花草”这样控制人口比例的神奇药草，无论对妇女的生殖健康和文化心理来说，都有好处。

傈僳族捕蜂之谜

人们常以“马蜂窝”比喻令人避而远之的危险，而西南地区的傈僳族村民却想方设法地要找到马蜂窝。在四川凉山彝族自治州德昌县，有80%的傈僳人家饲养各种野蜂！更令人吃惊的是，村民竟将头发丝拴在野蜂身上，借此找到蜂巢。他们究竟是如何做到这点的？傈僳族又为什么要捕养野蜂呢？

傈僳人与野蜂的渊源

关于傈僳族捕养野蜂，有这样一个传说：一对傈僳族夫妻在野外烧马蜂包，结果蜂蛹的香味引来人熊婆（又名“山魈”，传说中的一种野兽）将夫妻吃掉，人熊婆还找到他们的家，把二人的儿子也吃掉了。所幸这家人的女儿被天上的月亮婆婆所救，接到天上织布去了。从此以后，为了安全，傈僳人便将马蜂取回家喂养。

果真像传说中那样，傈僳人是为了躲避野兽才把马蜂取回家喂养的吗？野蜂又能否饲养呢？

据四川德昌傈僳学会会长李文华介绍：“德昌傈僳族养的蜂种有15种，除了蜜蜂外，都是野蜂。蜜蜂采花人们取蜜，而野蜂食昆虫，人们取蛹。”李文华是土生土长的傈僳人，他在德昌县城开了一家百货店，店门口上方挂了一个偌大的马蜂包，经常惹得路人驻足观看。

马蜂离人这么近，难道没有危险吗？李文华说：“你不招惹它就行了，马蜂是不会主动攻击人的。好多人去捅蜂包或者用石块打蜂包，才引起马蜂攻击。我们这儿家家都养过蜂，没人怕它们。”

中国农业科学院蜜蜂研究所副所长彭文君说：“蜂是昆虫家族中最为庞大的群体之一，主要有胡蜂科和蜂族两大类。被称为马蜂的大型蜂都叫黄蜂，属于胡蜂科。在中国境内生活着 200 多种胡蜂，川滇两省就有 120 余种。”

传说归传说，至于为什么捕捉野蜂，李文华说：“大多数捕蜂人是喜欢捕捉和饲养马蜂的方式，这是傈僳族天生的一种喜好。”目前，德昌县 80% 的傈僳人家都养有各种野蜂。李文华介绍说，以前因为经济条件差，傈僳人养蜂主要是取蛹食用以维持生存，或招待尊贵的客人。现在蜂蛹能卖钱，促使众多傈僳人发展养蜂这一产业。

为了记录下神秘的捕养野蜂手艺，李文华正在拍摄一部名为《傈僳人养蜂传奇》的专题片。由于蜂类从开春到 10 月间有不同生产过程，因此拍摄活动要持续几个月。

不可思议的找蜂过程

傈僳人自古有一种说法：“三只土蜂能杀死一头牛，一窝马蜂能蜇死一个人，一窝黑马蜂能蜇死一家人，一窝小如米粒的细米蜂能杀死一只羊。”即使对象如此危险，也不能阻止傈僳人寻找马蜂的脚步。

寻找马蜂一般有三种方法。一是透过枝叶缝隙直接寻找蜂巢。二是在丛林中听马蜂的声音，然后寻找、跟踪。因为马蜂是往返觅食，在一个地方同时有马蜂进出，表明这附近有马蜂的巢穴。三是逮住觅食的工蜂，用头发拴住马蜂腰，观察马蜂回家的路线，直奔蜂巢。这是只有熟手才能掌握的技巧，必须胆大心细才行。另外，寻找马蜂巢得有相当好的体能和极好的视力，要能在山里跑很远的路。

大多数傈僳族村民采取的是逮住工蜂当向导的方法。他们从家里带上一根细竹竿，通常是在田里捉一只蚂蚱或蜻蜓绑在竹竿上当诱饵，这是马蜂最喜欢的食物。村民在林子里发现野马蜂时，就在一旁悄悄等待，直到马蜂扑到被拴住的蚂蚱或蜻蜓身上，死死地咬住猎物。

更神奇的还在后面。村民缓缓地把竹竿移下来，然后小心地在蜂腰上缠上一根长头发。他们一般事先把这根头发系个活扣，然后慢慢收紧。身系头发的马蜂咬下猎物后，就叼着它往蜂巢飞了。人们不禁要问，村民追得上马蜂吗？会不会跟丢呢？

李文华说："村民在头发丝的另一端系着一根醒目的白色火草绒或鸡毛。它的分量很轻，用作跟踪的参照物。另外，由于捕获了猎物，马蜂的灵活度和飞行速度都差了很多，村民就跟着参照物走。如果路程远，可以几个人分段跟踪，最后总能找到蜂巢。"

除了马蜂，傈僳人家还捕养土琴蜂、牛角蜂、狗屎蜂等。彭文君介绍说，像土琴蜂这种大型胡蜂，雌蜂腹部末端的螯针能分泌毒性很强的毒液，一般人是不愿意养的。土琴蜂在阴雨天不好觅食时，会将一窝蜜蜂扫荡殆尽，还会袭击其它中小型马蜂。

为了捕捉野蜂，傈僳族村民经常攀爬垂直的崖壁去摘取蜂巢，有时，他们就在树下或山洞里过夜。啃口干粮，随机采些野果、捡几只鸟蛋来吃，就可以让村民在山里生存很长一段时间。

与野蜂的亲密接触

说起年轻时取蜂巢的事，李文华依然心有余悸。他说："小时候，我和邻居家的孩子张顺明到大石堡去摘野蜂窝。那时我还小，爬不上树就在树下等待。张顺明爬上 30 米左右高的大树尖，摘下野蜂巢。他一手持火把，一手提着蜂巢往下溜。大约溜到一半的时候，他脚下踩的树枝折断了，人和蜂巢一起摔下来。被吓坏的我飞快跑回家，去找大人救援。等我们赶到大树下时，只看见他全身爬满了马蜂，被蜂蛰的印记密密麻麻的，人早已昏迷。村民用草烟杆取出烟油，给他全身涂抹后，他竟奇迹般地活了下来。"

傈僳族民间一般用食盐水和肥皂水给被马蜂蛰伤的人清洗伤处，然后用白酒擦拭。最好的办法是把蜂蛹搓破敷在伤口。

"傈家最香是蜂儿，傈家最甜是蜂蜜；吃了蜂儿又喝蜜；待得主人心欢畅，喝得客人醉了心。"淳朴的民谣道出了傈僳人饲养野蜂的目的。蜂蛹是天然的高蛋白食品，可用蒸、煮、炒、炸、烧各种方法来制作食用。如今，蜂蛹已从傈僳村寨走上大城市的餐桌，成为大众共享的美味佳肴。

德昌县金沙乡一个熊姓的村民，每年八九月便上山找蜂养蜂，出售蜂蛹，仅此一项，年收入就超 2 万元。

现在，大多数村民采取了新的方法养蜂，即活取蜂巢、循环饲养。与传统的烧巢取蛹相比，活取蜂蛹的收入是原来的 2 到 3 倍。

为了多次获取蜂蛹，傈僳族村民在家养起了蜂巢。第一次取蜂蛹的时间在8月左右。为了不惊动蜂巢，村民在夜晚看好时机，悄悄取下蜂列子，再把蜂蛹取出，留下母蜂（蜂王）。母蜂会继续繁殖工蜂。以后在9月、10月各取一次。

彭文君说："蜂类在10月繁殖的多为雄蜂和蜂王。10月后，蜂王在气温降到6℃至10℃时离巢，到土洞或墙洞里面成群过冬，等待来年建立新的蜂巢。等到新繁殖的工蜂能建造巢穴时，蜂王会飞到高处，建造另一个蜂巢。"

因此，为了把捕养野蜂做成产业，还有一个关键问题：野蜂如何安全过冬？怎样让新出生的蜂王不逃向野外冬眠，能不能人工繁殖呢？这些问题还有待勇敢而富于创新精神的傈僳族村民和野蜂专家一起研究解决。

越砍越大的黏膏树

有一种神奇的树，它只生长在广西南丹和贵州荔波白裤瑶生活的地方，一旦移栽到别处，便必死无疑；这种树不需精心培育，反而要年年用钢刀利斧来砍凿，才会越长越大，分泌的黏液越多。这种树，连植物学家也找不到合适的学名，而白裤瑶人称之为黏膏树。

白裤瑶是瑶族的一支，因男子常年穿齐膝白裤而得名。在白裤瑶人的房前屋后，坡脚地边，常会看到形状奇特的黏膏树——它们身躯大，两头小，腹部比两头要大出五六倍，犹如一个个丰腴的孕妇站在村口，期盼亲人归来。

黏膏树的树干最高达 20 多米，树龄最长的达 300 多年。由于树冠不大，枝杈不多，恰到好处地避免了头重脚轻的缺陷，使它能在暴风雨中顺利地成长。

有人说，黏膏树是一种生死维系于白裤瑶的树种。的确，离开了白裤瑶人居住的深山老林，即使种树人再有经验，投入再多，也无法使黏膏树成活。据说，有房地产开发商花重金买下这形状奇特的树，想移栽到大城市当景观树，但却以失败告终。即使将黏膏树移到并不遥远的县城，也无法成功。土壤、气候，决定了黏膏树与白裤瑶生死相连。

而白裤瑶人，也离不开黏膏树。他们服饰上独特的彩色图案，其染料正是由黏膏树分泌的黏液制成的。

白裤瑶人对黏膏树的习性了如指掌：如果不要黏膏树的黏膏，就任由它生长，树不会干枯死亡，但也不会流一滴黏液；如果要黏液，就需在每年的三四月份去砍黏膏树，被砍的树干会在来年春暖花开的季节，从砍凿部位流出黏液。

白裤瑶砍黏膏树有一定的规矩，比如：用小钢刀从树身 1.5 米以上的部位开始砍；每次砍要等距离、有规则地砍凿；砍一次后，每年都得砍，如果中间有一年不砍，树就会干枯死亡。

一棵初次砍凿的黏膏树，第一年只产几两黏膏，随着树龄的增长和不断砍凿，黏膏的产量也会逐年提高。一棵 50 年以上的黏膏树，每年可以生产黏膏 10 至 20 公斤以上。

黏膏呈淡黄色，白裤瑶人用一种形同勺子的铁耳一点点将其刮下来，放在一个盛有水的容器里，与牛油混合，经过熬煮就成为了蜡染的原料。

白裤瑶人用画笔蘸上黏膏汁，在土制白布上按照自己的构思作画，画好后，再进行染、煮、浸泡、晒干等三十多道工序，直至最后布匹上黑、白、蓝各色分明。

白裤瑶因服饰而得名，他们制作服饰的时间跨越春夏秋冬，白裤瑶姑娘有一半的时间用在绣裙的劳动上。而服饰上的每个图案，又都是用黏膏印染上去再刺绣而成。因此，有人甚至夸张地说，没有黏膏树就没有白裤瑶。

在白裤瑶人家，家家都有自己的黏膏树，都收藏黏膏。几百年来，白裤瑶人从不用黏膏树来起房造屋，也不用来制作生产用具，更不会把它作为柴火烧掉，而是任其自然生长。白裤瑶人与黏膏树的共生共存、紧密相连，就是人与自然和谐相处的写照。

呼麦：来自天堂的瑰宝

呼麦是蒙古族创造的一种神奇的歌唱艺术，有人说呼麦是来自天堂的声音，有人说它来自神秘世界。人们形容它的声音像风过林梢，像瀑布飞泻，像山谷回音，但怎么也不像是由一个人唱出来的。

在中国各民族民歌中，呼麦是独一无二的。2006 年，蒙古族呼麦被列入第一批国家级非物质文化遗产名录，2009 年它又成功入选世界非物质文化遗产。随着呼麦越来越多地出现在舞台上，人们对这种神奇艺术的兴趣也越发浓厚。那么，呼麦到底是怎么产生的，它又是一种什么样的歌唱艺术？

呼麦之源：蒙古族山林狩猎文化

呼麦是如何产生的？蒙古人对此有一种奇特的说法：古代先民在深山中活动，见河汊分流，瀑布飞泻，山鸣谷应，动人心魄，声闻数十里，便加以模仿，遂产生了呼麦。

据说，古代蒙古人参加战争，作战前均须高唱潮尔合唱（潮尔，是蒙古族多声部音乐概念的总称）。狩猎成功后也会尽情宣泄，狂热歌舞。在排山倒海般的潮尔声浪中，产生出飘渺的泛音效果。蒙古人试图将潮尔艺术的合唱效果，巧妙地移植到一个人身上。经过长期探索，终于创造出呼麦这一奇特的声乐形式。

另据音乐学家们考证，我国诸多古籍（包括《诗经》）中记载的北方草原民族的一种歌唱艺术——“啸”，可能是呼麦的原始形态。如果此说成立，呼麦的历史可追溯到2000多年前。

无论呼麦产生于何时，但可以肯定的是，它是蒙古山林狩猎文化时期的产物。呼麦的产生和发展，乃是蒙古音乐发展进步的产物，表明蒙古族人在声学规律的认识和掌握方面出现了质的飞跃。

由于呼麦是人声对自然声音的模仿，又体现出合唱的特点，因受特殊演唱技巧的限制，曲目不是很丰富，大体说来有以下三种类型：一是咏唱美丽的自然风光，诸如《阿尔泰山颂》、《额布河流水》；二是表现和模拟野生动物的可爱形象，如《布谷鸟》、《黑走熊》；三是赞美骏马和草原，如《四岁的海骝马》等。

呼麦的发声原理

呼麦是一种独特的喉音艺术，它的奇特，在于一个歌手用自己的发声器官，在同一时间里能唱出两个声部。呼麦声部关系的基本结构为一个持续低音和它上面流动的旋律相结合。演唱者运用闭气技巧，使气息猛烈冲击声带，发出粗壮的气泡音，形成低音声部。高音部的高音与口型有直接关系，口型扁，音就高；口型圆，音就低。低音部与高音部之间的距离有时可以达到6个八度音程，高音部的旋律有时类似口哨声，或金属声。

呼麦唱法是在特殊的地域条件和生产生活方式下产生的，其发声方法、声音特色比较罕见，不同于举世闻名的蒙古族长调的唱法，声乐专家形容这种唱法是“高如登苍穹之颠，低如下瀚海之底，宽如于大地之边”。

作为一种特殊的民间歌唱形式，呼麦传达着蒙古族人民对自然宇宙和世界万物深层的哲学思考和体悟，表达了蒙古民族追求和谐生存发展的理念和健康向上的审美情趣。

呼麦的传承、保护

作为蒙古民族最古老的艺术形式之一，呼麦是一种来自民族记忆深处的久远回音，对于人类学、民族学、民俗学研究均有重要价值。那么，呼麦的传承发展情况如何呢？

在继承和发展呼麦艺术方面，客观地说，内蒙古地区不如新疆蒙古族地区，中国不如国外。蒙古国已早把呼麦艺术列为“国宝”，俄罗斯图瓦共和国则视呼麦为“民族魂”。两国均已把呼麦艺术的发掘、研究列入国家艺术重点学科，并引入蒙古族声乐教学体系之中。

近年来，国内随着对非物质文化遗产的重视，呼麦才越来越受到瞩目。中国音乐家协会名誉主席、音乐理论界泰斗吕骥先生指出：“蒙古族就有一种一个人同时唱两个声部的歌曲，外人是想象不出来的，我们应该认真学习研究。”

20 世纪 90 年代，通过请呼麦大师进来教和学生们走出去学的办法，在蒙古国保存较好的呼麦艺术，终于又传回内蒙古地区，使这种在内蒙古草原绝迹了 100 多年的艺术重新流行起来。

杭盖乐队是一支以呼麦见长的乐队，乐队主唱伊力奇和巴图巴根都是演唱呼麦的好手。两人师出同门，都是跟随敖都苏荣老师学的。伊力奇说，他原来听过呼麦，特别喜欢，后来听朋友说，从蒙古国来了个老师名叫敖都苏荣，专门教呼麦，他就报培训班学去了。老师连比划带说地指着他的肚子、胸口，教他出什么声音，从哪儿送气，慢慢就学会了。

杭盖乐队现在经常在国内外参加各种音乐节，与 2007 年前后他们用最传统的弹拨乐和弦乐伴奏、用最古老的唱法演唱呼麦不同，现在，他们把年轻时玩的摇滚捡起来，与呼麦相结合，赋予了呼麦表演全新的听觉体验。

那日苏也是敖都苏荣的学生之一，他所在的安达乐队，与杭盖乐队同属国内广受欢迎的乐队。除了随安达乐队演出，那日苏平时也教学生。他的学生大多是从牧区来的，有些是为了考学，有些是为了到餐厅打工，因为现在内蒙古和北京的很多蒙古风味餐厅都会请呼麦手演唱助兴。

为了让呼麦传播得更广，那日苏和朋友们经过研究，将呼麦的调门降下来，将其与内蒙古的短调民歌结合起来，效果很好。内蒙古东部是乌力格尔（亦称说书调）流传的地区，有很多短调民歌，一般拉着四胡演唱，如在汉族地区广为流传的《敖包相会》、《赞歌》等都是根据这些民歌小调改编的。用那日苏的话说，这两种音乐本来就是“亲戚”，很容易结合。

除了舞台上的各种实践，对呼麦的研究也进一步走向深入。2000 年，东方电影电视学院建立，把呼麦艺术引入民族艺术教学之中心。之后，中央音乐学院也把呼麦艺术列为国家艺术学科重点课题——《世界民族民间音乐》中的重要部分进行研究。

后　记

收入这本集子的作品，是我们中国民族报文化周刊《民族文化探秘》栏目从2011年开办以来作品的结集，也是这几年来编辑记者们辛勤采访、思考和写作的智慧结晶。

“文化”是个大命题，涵盖广泛。说文化、品文化，能说得深入浅出、通俗晓畅、让人信服，不是件容易的事。特别是少数民族文化，虽然历史悠久，璀璨丰富，但对很多人而言却是边缘的、陌生的、神秘的，甚至还伴有很多夸张的、荒诞的想象和误解。作为民族文化的传播者，如何向普通读者介绍少数民族文化，既传递正确的文化信息，而读起来又新奇有趣，毫不枯燥？

为此，我们尝试从读者曾经听说但一知半解或引以为怪的文化现象入手，就此推开一扇门，带大家进入一个幽深奇特的世界。比如上刀山下火海、湘西赶尸、苗族巫蛊，到底是灵异鬼魅还是一种隐秘的精神与信仰？再如格萨尔“神授”艺人与呼风唤雨的防雹师、开掘宝藏的伏藏师，为什么雪域藏族有如此多在外人看来匪夷所思的文化传统？还有成吉思汗、香妃等赫赫有名的少数民族人物，有关他们的传说和故事是否真实？

为了解开这些谜团，我们先是查找资料，然后联络采访相关学者、专家，答疑释惑，最后通过消化这些信息，组织成文，力求语言通俗、道理晓畅、信息准确。要说明的是，本书所提到的专家身份系当时采访时的身份，由于时过境迁，有些受访者的单位和职务或已发生变动，恕难以一一再去核对。

特别要指出的是，由于本书涉及历史、地理、宗教、民俗、语言文字等各方面，需要作者有相关的知识储备，做扎实的调查访问。但由于这一系列文章在报纸上刊发，一来时间仓促，二来篇幅有限，三来为考虑通俗性，故而在信息提供上以择取最重要的为原则，必然会挂一漏万，出现一些错误也在所难免，还请读者诸君海涵。

其实，采写《民族文化探秘》栏目的过程对我们记者编辑就是一个学习的过程，虽然我们虚心求教，辛勤笔耕，但也常有如履薄冰之感，生怕出现错误，误导读者。好在真诚的付出总会有回报，《民族文化探秘》刊登一年后就获得全国报纸副刊优秀栏目奖，并且得到了读者的良好反馈。而现在又将付梓出版，实是幸甚至哉。

文化是一个民族区别于其他民族的标志。认识一个民族，必先了解其文化。遗憾的是，在全球化进程中，很多民族古老、独特、珍贵的文化传统都在走向衰落乃至消失，这其中也包括本书中提及的一些文化事项。从这个意义上，本书也算有点存录的意义吧。

图书在版编目(CIP)数据

大地书写者：信仰与生活/肖静芳等著．—北京：民族出版社，2016.2

ISBN 978-7-105-14256-9

Ⅰ.①大…　Ⅱ.①肖…　Ⅲ.①民族文化—中国—文集　Ⅳ.①K28-53

中国版本图书馆 CIP 数据核字(2016)第 047079 号

大地书写者：信仰与生活

责任编辑：刘海涛
封面设计：金　晔
出版发行：民族出版社
地　　址：北京市和平里北街 14 号
邮　　编：100013
网　　址：http://www.mzpub.com
印　　刷：北京彩云龙印刷有限公司
经　　销：各地新华书店
版　　次：2016 年 2 月第 1 版　2016 年 2 月北京第 1 次印刷
开　　本：880 毫米×1230 毫米　1/32　字数：210 千字
印　　张：8.5
定　　价：38.00 元
ISBN　978-7-105-14256-9/K·2494(汉 1389)

该书如有印装质量问题，请与本社发行部联系退换
编辑室电话：010-58130039；发行部电话：010-64224782